Ökologie der Angst

Fröhliche Wissenschaft 117

Jens Soentgen

Ökologie der Angst

Für Anna

Inhalt

»Sollte man es überhaupt für möglich halten, daß der große Leviathan an drei solch dünnen Fäden hing, aufgehängt wie das schwere Gewicht einer alten Standuhr? Aufgehängt – und woran? An drei Nußschalen, an ein paar gebrechlichen Planken! […]
In den schrägen Strahlen der Nachmittagssonne wuchsen die Schatten der drei Boote ins Ungemessene: sie müssen unter Wasser eine Fläche verdunkelt haben, groß genug, daß Xerxes' halbes Heer darin Schutz gefunden hätte.
Wer weiß, welches Entsetzen dem verwundeten Wal diese riesenhaften Schemen einflößen mochten, die über ihm durch die Flut geisterten!«
(Melville, *Moby Dick*)

Eine Ökologie der Subjekte

Im Geflecht der biologischen Wissenschaften nimmt die Ökologie neben der Evolutionstheorie eine zentrale Stellung ein, weil sie zum einen eine Gesamtsicht ermöglicht, zum anderen diejenige Theorie ist, die unmittelbar mit Fragen der Naturpolitik verbunden ist. Nicht umsonst gibt es eine politische Ökologie, eine sozial-ökologische Forschung, die *cultural ecology* und die Humanökologie.

Die Ökologie ist eine Beziehungswissenschaft, heute wie vor über einhundertfünfzig Jahren, als Ernst Haeckel den Begriff in seinem Werk *Generelle Morphologie der Organismen* prägte: »Unter Oecologie verstehen wir die gesammte Wissenschaft von den Beziehungen des Organismus zur umgebenden Aussenwelt, wohin wir im weiteren Sinne alle ›Existenz-Bedingungen‹ rechnen können.«[1]

Der Sache nach gab es natürlich auch vor diesen Zeilen schon ökologische Forschung, und doch ist das von Haeckel erstmals geprägte Wort und das intellektuelle Projekt, das er auf zwei, drei Seiten in bewundernswerter Hellsichtigkeit entwirft und von vornherein mit der darwinistischen Evolutionstheorie zusammendenkt, ein Meilenstein der biologischen Forschung. Als Künstler, Biologe und Polemiker hat Ernst Haeckel in seinem langen Forscherleben auch sonst Großes geleistet, doch was die langfristige Wirkung angeht, kann sich keiner seiner Beiträge mit diesem Entwurf einer neuen Wissenschaft namens *Oecologie* messen.

Der *ökologische Naturbegriff*, der die Natur als Biosphäre auffasst, also als Geflecht aller Ökosysteme und der in ihnen eingebundenen Medien, ist der wichtigste Naturbegriff der Gegenwart. Diese Natur ist gesetzmäßig strukturiert und doch ein singuläres Phänomen im Kosmos. Es gibt zwar ungezählt viele Planeten im Universum, die Sonnen umkreisen, doch nie fand man bislang Anzeichen, dass einer dieser Planeten eine Biosphäre trägt. Diese Einsicht trug das späte 20. Jahrhundert zum modernen Naturbegriff hinzu; sie ist wesentlich, weil sie die Einzigartigkeit, die Unwiederbringlichkeit der Natur, *unserer Natur*, verdeutlicht. Bis Mitte der 1950er Jahre waren viele Naturwissenschaftler zuversichtlich, dass es irgendwo, in nicht allzu weiter Ferne auf anderen Planeten andere Biosphären geben könnte, und sie sprachen damit eine Überzeugung aus, die bereits in der Antike verbreitet war.[2] Selbst Immanuel Kant beteiligte sich in seiner *Allgemeinen Naturgeschichte und Theorie des Himmels* an den Spekulationen über das außerirdische Leben. Heute hat sich längst Ernüchterung unter den Forschern breitgemacht. Komplexes Leben, eine komplex organisierte Biosphäre hat sich, nach allem, was wir wissen, nur auf der Erde entwickelt – und diese Einsicht macht die voranschreitende Naturzerstörung noch quälender.

Zu unterscheiden ist der ökologische Naturbegriff von jenem der Physik, der sich etwa im sogenannten Standardmodell der Elementarteilchenphysik ausspricht. Dieser ist nur ein allgemeiner Rahmen von Gesetzen, die auf der Erde ebenso gelten wie in der Andromeda-Galaxie. Wenn in Kultur oder Politik von Natur gesprochen wird, dann ist die *ökologische Natur*, also die Biosphäre gemeint, denn sie ist es, die heute bedroht ist, nicht die Natur der Physiker, die sich in mathematischen Gesetzen darstellt, welche weder geschützt werden können noch des Schutzes bedürfen. Zu unterscheiden ist der ökologische Naturbegriff nicht nur vom physikalischen, sondern auch vom aristotelischen. Nach dem aristotelischen Naturbegriff ist Natur das, was von Menschen nicht hergestellt wurde und was das Prinzip seines Soseins und seiner Bewegung in sich hat, im Gegensatz zur Technik, die sich menschlichem Denken und menschlicher

Geschicklichkeit verdankt. Dieser Naturbegriff trifft zwar einen wichtigen Punkt, er ist aber viel zu weit, zudem ist er atomistisch gedacht, er denkt die Natur als Ansammlung einzelner, voneinander unabhängiger Dinge. Ökologisches Denken hingegen zeigt die Natur als ein *Geflecht* von Beziehungen, das sich nur in Gedanken aufgliedern lässt, aber nicht real aufgetrennt werden kann. Die einzelnen Glieder hängen nämlich trotz ihrer vermeintlichen Isolation im Raum über unzählige sichtbare und unsichtbare Beziehungen so innig voneinander ab, dass sie ohne einander nicht bestehen können. Sie sind so sehr aufeinander abgestimmt, dass sie nicht nur Elemente sind, die für sich existieren können, sondern Momente, die durch ihre Beziehungen zu den anderen Lebewesen überhaupt erst geschaffen werden. Sie haben ihr Sein im andern.[3] Leben ist Mitleben, Lebewesen leben vom ersten Augenblick ihrer Existenz an mit, in, von und durch andere Lebewesen. Weil ein Ökosystem nicht aus autonomen Elementen besteht, sondern ein Netzwerk ist, in dem die Beziehungen die einzelnen Organismen geradezu formen und erhalten, kann die Entnahme eines funktionalen Teils unabsehbare Folgen für das Ganze haben. Ein Ökosystem baut sich nicht stückweise aus seinen Teilen auf, sondern entsteht als Ganzes – und vergeht als Ganzes.

Auf der Ebene der Metaphysik gab es ein ökologisches Denken schon in der stoischen Naturphilosophie, denn diese sah den ganzen Kosmos als Lebewesen, dessen Organe die einzelnen Planeten sind. Nach der Lehre der Stoa ist alles miteinander verbunden und erhält einander; die Sonne etwa wird von den Dünsten der Erde ernährt. Spezielle Sympathien binden die Dinge aneinander, so etwa den Mond an das Meer. Diese kosmische Ökologie, die alles einbezieht, zählt zu den wichtigsten Vorläufern modernen ökologischen Denkens.

Als konkretes empirisches Forschungsprogramm startete das ökologische Denken, nach zögerlichen Anfängen Ende des 18. Jahrhunderts, erst ab der Mitte des 19. Jahrhunderts. Die Vorstellung von der Natur als sublunares Reich, das wiederum in ein Pflanzenreich, ein Tierreich und ein Reich der Mineralien gegliedert war, die ihrerseits mehr oder weniger isoliert voneinander gedacht waren, wurde aufgebrochen. Nun erkannte man, dass diese drei Reiche durch Kreisläufe miteinander verbunden sind: Die von den Pflanzen mit Sauerstoff angereicherte Luft wird von den Tieren gebraucht, umgekehrt versorgen diese die Pflanzen mit Kohlendioxid, das jene für ihre Fotosynthese benötigen. Die Chemiker Dumas und Boussingault sprachen vom Tierreich als »Verbrennungsapparat« und vom Pflanzenreich als »Reduktionsapparat«.[4] Mit diesen Begriffen unterstrichen sie, dass das Pflanzenreich und das Tierreich über die Atmosphäre miteinander verbunden sind, ja, dass Pflanzen und Tiere eigentlich aus der Atmosphäre kommen und dorthin auch wieder zurückkehren.[5]

In seiner berühmten *Agrikulturchemie* definierte Justus von Liebig mit großer Klarheit diesen modernen ökologischen Standpunkt, indem er schreibt: »Unsere heutige Naturforschung beruht auf der gewonnenen Ueberzeugung, dass nicht allein zwischen zwei oder drei, sondern zwischen allen Erscheinungen in dem Mineral-, Pflanzen-, und Thierreich, welche z. B. das Leben an der Oberfläche der Erde bedingen, ein gesetzlicher Zusammenhang bestehe, so dass keine für sich allein sei, sondern immer verkettet mit einer oder mehreren anderen, und so fort alle miteinander verbunden, ohne Anfang und Ende, und dass die Aufeinanderfolge der Erscheinungen, ihr Entstehen und Vergehen, wie eine Wellenbewegung in einem Kreislaufe sei. Wir betrachten die Natur als ein Ganzes, und alle Erscheinungen zusammenhängend wie die Knoten in einem Netze.«[6] Die Metapher vom Knoten und vom Netz zeigt, welche Bedeutung das Beziehungsdenken bereits in diesem frühen Stadium des ökologischen Denkens gewonnen hatte. Denn ein Knoten ist keine Substanz, sondern eine Verbindung von Bändern, und das Netz, von dem Liebig hier spricht, ist in chemischer Perspektive aus Metamorphosen von Stoffen und Energie gewebt. Die Reiche der Pflanzen, der Tiere und der Mineralien gibt es zwar auch in heutiger Sicht noch, aber nur mehr als Momente in einem übergreifenden dynamischen System. Dieses System bezeichnen wir heute als Biosphäre.[7]

Für das Selbstverständnis des Menschen hatte die Entdeckung des ökologischen Systems der Natur eine beträchtliche Bedeutung. Der Mensch, und zwar ganz besonders der westliche Mensch, sieht sich gern als ein Gegenüber der Natur und versucht, sich den ökologischen Kreisläufen zu entziehen. Seine Toten beerdigt er in Särgen und beschwert die Gräber mit Steinen[8], um zu verhindern, dass die Leichname von wilden Tieren verzehrt und damit Teil des allgemeinen Kreislaufes werden. Die Ökologie zeigt, wie sinnlos dies ist; denn der Mensch ist schon durch Atmung, Verzehr und Ausscheidung in übergreifende ökologische Systeme eingebunden. Entfernt er sich, etwa als Raumfahrer, aus der Biosphäre, kann er nur mit höchstem technischen Aufwand und selbst dann nur für kurze Zeit überleben.

Es scheint nur konsequent, dass Wissenschaftler, die das ökologische Naturbild ernst nahmen, auch persönliche Konsequenzen daraus zogen, die bisweilen auf den ersten Blick skurril wirken. Der Chemiker Alfred Nobel etwa wollte, dass sein Leichnam in konzentrierter Schwefelsäure aufgelöst würde, die dann mit Kalk vollständig zu neutralisieren sei. Das Reaktionsprodukt sollte als Dünger auf Äcker ausgebracht werden – wo es weiterhin dem Leben diente.[9] Mit dieser Idee wollte er offenbar der naturwissenschaftlichen Überzeugung, dass der Mensch restlos in die Kreisläufe des Werdens und Vergehens eingebunden ist, Ausdruck verleihen – gegen die christliche Lehre, wonach der menschliche Leichnam diesem Kreislauf entzogen ist und am Tag des Jüngsten Gerichts auferweckt wird.

Die Kategorie der Beziehung ist für die Ökologie so wesentlich, dass sie diese nicht als etwas den Lebewesen Äußerliches betrachtet, vielmehr greifen die Beziehungen ins Innerste der Lebewesen ein und gestalten sie mit – nicht nur ihr Verhaltensprogramm, ihre Software, wenn man so will, sondern auch ihre Hardware, die Anatomie. Bestäubende, nektarsammelnde Insekten und Blütenpflanzen etwa unterliegen einer Koevolution, sie gestalten einander, sind Pole, die ohne einander nicht sein können. Die Blütenökologie versteht die Blüte – ihre Farbe, ihre

Form, ihre Mechanik – aus der Beziehung zum bestäubenden Insekt heraus (bzw. zum bestäubenden Vogel oder zur Fledermaus). Die Biene ist aus Sicht der Ökologie blumenhaft, weil sie ihre Organe auf die Blume eingestellt hat.[10] Und umgekehrt ist die Blüte bienenhaft, insofern alle ihre Organe auf ganz bestimmte Insekten abgestimmt sind, die sie bestäuben sollen. So kann die Biene als fliegende Verlängerung der Blüte betrachtet werden wie umgekehrt die Blüte als festsitzender, externer Teil des Bienenstocks. Das ist nicht das Resultat gelegentlicher Koexistenz, sondern einer Jahrmillionen währenden Koevolution, die dazu führte, dass das eine Wesen sein Sein im anderen hat, auch wenn es dem Anschein nach autark ist. Daraus ergibt sich unmittelbar, dass Änderungen, die man in diesem eng verflochtenen System vornimmt, Auswirkungen an ganz unerwarteten Stellen haben können. Das Ausrotten einer Art etwa betrifft möglicherweise eine recht große Anzahl weiterer Arten.

Ökologisches Denken ist aufklärendes Denken, weil die Ökologie tradierte Vorurteile revidiert, etwa jenes, das davon ausgeht, dass die gesamte Schöpfung dem Menschen zugeordnet ist, dem sie dienen soll, wie es die theologische Dogmatik der monotheistischen Religionen lehrt. Vielmehr versucht ökologisches Denken, die Standpunkte der einzelnen Organismen einzunehmen und ihr Dasein und ihr Sosein von dorther zu verstehen. Blumen etwa blühen nicht, um den Menschen zu erfreuen, und auch nicht, wie etwa Paracelsus glaubte, um durch die Form ihrer Blüte, ihrer Blätter oder Wurzeln anzuzeigen, welche Heilwirkung Gott ihnen für den Menschen zugedacht habe. Die Formen und Farben ihrer Blüten richten sich – wie Christian Sprengel, der Begründer der Blütenökologie Ende des 18. Jahrhunderts erstmals zeigte – an ihre Bestäuber, an Fledermäuse, Vögel und, in erster Linie, an Insekten. Die Ökologie denkt polyzentrisch, indem sie die Natur nicht von Gott her bzw. vom Menschen und seinen Wünschen und Bedürfnissen her interpretiert, sondern von den nichtmenschlichen Organismen ausgeht und ihr Miteinander untersucht. Ihre Einsichten gewinnt sie in der produktiven Abkehr vom Anthropozentrismus.

Die Beziehungen, die im Bild der Ökologie die einzelnen Lebewesen miteinander und mit dem Wasser, den Gestirnen, mit der Luft und dem Boden verbinden, sind den Lebewesen teilweise bewusst: so wissen Beutetiere, von welchen Jägern ihnen Gefahr droht. Viele Beziehungen aber liegen nicht auf der Hand, sie werden erst durch die Forschung aufgedeckt. Die Entdeckung der Fotosynthese ist hierfür das wichtigste Beispiel: bei dieser nehmen die Pflanzen das unter anderem von den Tieren ausgeatmete Kohlendioxid auf und wandeln dieses mithilfe des Sonnenlichtes und des Wassers in Sauerstoff und Kohlenhydrate (Zucker) um. Damit schaffen sie die Grundlage sowohl für die Ernährung wie auch für die Atmung der Tiere.

So verdienstvoll die ökologische Perspektive und ihre Forschung ist, lohnt es dennoch, auf eine gewisse Vereinseitigung der modernen Forschung hinzuweisen. Denn im Laufe der Entwicklung der Ökologie, verstärkt in der zweiten Hälfte des 20. Jahrhunderts, wurden die Relationen zwischen den Lebewesen mehr und mehr äußerlich definiert. Man erforscht die quantitativen Beziehungen zwischen Jäger- und Beutepopulationen, betrachtet den Austausch von Stoffen und Energie, geht auf die Korrelation zwischen geografischen, geologischen und klimatischen Standortfaktoren und Pflanzen- bzw. Tiergesellschaften ein. Das alles ist wichtig und belehrt uns über Ausmaß und Charakter der epochalen globalen und lokalen Naturtransformation, die wir verursachen. Klarer und praxisrelevanter als alle anderen naturwissenschaftlichen Disziplinen sagt uns die Ökologie, wo wir stehen. Ökologische Forschungen dieser Art sind unerlässlich, um Strategien gegen die Naturzerstörung zu entwickeln und deren Wirksamkeit zu überprüfen.

Problematisch ist aber, dass hier die Natur als eine Sphäre bloßer Dinge betrachtet wird, die lediglich durch äußere Relationen verbunden sind, insbesondere durch Stoff- und Energieströme.[11] Entsprechend wird Naturpolitik vor allem ökonomistisch, als Management wie in einem Unternehmen, aufgefasst. Gut ist dieses Management, wenn es ein *Gleichgewicht* herstellt – was auch immer damit gemeint sein soll[12] – oder wenn Stoffkreisläufe *geschlossen* werden. Doch die Natur ist mehr als die Summe aller Stoffkreisläufe, es geht um mehr als das Management von Ressourcen einerseits und von Abfalldeponien, sogenannten Senken, andererseits.

Ökologisches Denken muss immer auch die subjektive, man könnte auch sagen, die *innere* Seite der Beziehungen, die es erforscht, in den Blick nehmen. Nur dann schöpft es die wissenschaftlichen und praxisbezogenen Potenziale, die es besitzt, vollständig aus. Es gibt eine Innenseite der Prozesse in der Natur, genauso wie es eine Innenseite der Prozesse in der menschlichen Gesellschaft gibt. Somit gibt es in der Natur auch Bewusstsein und damit Empfindungen wie Schmerz, Freude oder Angst, und das alles nicht nur in dem Moment, da ein menschlicher Spaziergänger den Wald betritt. Die Relationen, etwa zwischen Jäger und Beute, haben auch ein subjektives, emotionales und kognitives Moment, das allerdings methodisch anspruchsvoll, nämlich in einer Kombination von naturwissenschaftlicher und geisteswissenschaftlicher Methodik, von Experiment und Hermeneutik erschlossen werden muss. Einige Ideen hierfür formuliert dieser Essay. Die Angst der Tiere vor den Menschen steht dabei im Mittelpunkt. Sie ist die Innenseite des Anthropozäns.

Für eine Untersuchung dieser Angst scheint es mir produktiv, etablierte Diskursgrenzen zu überschreiten. Es lohnt, die Erkenntnisse des Philosophen Heidegger in Verbindung zu bringen mit den Erkenntnissen des Zoologen Hediger; die Fragen der modernen Philosophie mit den Ergebnissen moderner biologischer und insbesondere ökologischer Forschung zusammenzuführen.

Keineswegs will ich behaupten, dass die Ökologie das subjektive Moment in den Relationen der Lebewesen völlig vergessen hätte. Dieses ist so fundamental, dass es schlichtweg nicht ignoriert werden kann. Über mehrere Jahrhunderte gab es einen Teilbereich der Biologie, der sich Tierpsychologie oder Tiersoziologie nannte, und zudem kennt man eine noch wesentlich ältere, schon in der Antike geführte Diskussion über die Tierseele (und, weniger entwickelt, über die Pflanzenseele). Doch es lässt sich feststellen, dass das subjektive Moment in der zweiten Hälfte des 20. Jahrhunderts einen deutlichen Geltungsschwund hinnehmen musste, wie der folgende Lexikoneintrag aus den 1970er Jahren gut belegt: »Bis vor einigen Jahren rechnete man die Ethologie meist zur Ökologie. Inzwischen hat sich die Ethologie zu einer eigenen Wissenschaft entwickelt und die Bindung an die Ökologie mehr und mehr aufgegeben.«[13] Trat die Ethologie einst das Erbe der Tierpsychologie an, gab sie sich bald einen materialistisch-positivistischen Habitus, der allen Bezug auf inneres Erleben minimierte oder gar eliminierte und die starken inhaltlichen Bezüge, die zur Hermeneutik und zur allgemeinen Psychologie bestehen, mehr oder weniger unter den Tisch kehrte, um sich in ihrer Methodik als ganz normale experimentelle und technisierte Naturwissenschaft zu präsentieren.

Politisch ist dieser Schritt nachvollziehbar, wenn man den seit den 1970er Jahren rasanten Bedeutungsverlust der hermeneutischen Geisteswissenschaften und den parallelen Geltungsgewinn der Naturwissenschaften berücksichtigt. Die zwischen hermeneutischen Geistes- und experimentellen Naturwissenschaften angesiedelte Tierpsychologie hat sich, so könnte man es deuten, in ein zum Zeitgeist passendes Gewand gekleidet und sich auf die Gewinnerseite der entstehenden *two cultures* (C. P. Snow) geschlagen. Sie tat dies erfolgreich, ohne jedoch ihre verstehende Methodik völlig aufzugeben. Oft war der Gestus des strengen Naturwissenschaftlers nur Fassade, man gab sich als Positivist, für den nur das Messbare zählt, verfolgte im Grunde aber ein hermeneutisches Forschungsprogramm. Ein Beispiel für diese Doppelstrategie ist der Nobelpreisträger Konrad Lorenz, der sich einerseits als materialistischer Naturwissenschaftler gab, für den alle Aussagen über die Seele Spekulation waren. Gefragt nach dem subjektiven Erleben von Tieren, sagte er: »wenn ich darauf antworten könnte, hätte ich das Leib-Seele-Problem gelöst«.[14] Psychologie war für ihn »die Lehre von den subjektiven Vorgängen des Erlebens, die man unmittelbar nur an sich selbst beobachten kann«.[15] – Doch wer wie Lorenz bestreitet, dass er aus äußeren Anzeichen mit hinreichender Wahrscheinlichkeit auf das innere Erleben anderer schließen kann, dürfte auch kein Gespräch führen, setzt dies doch die Annahme voraus, dass Gesprächspartner mentale Zustände haben, dass sie bewusst zuhören und verstehen. Trotz solcher Probleme ist eine massive und entschlossene Abgrenzung von der Psychologie eine sinnvolle Strategie, um sich in der naturwissenschaftlichen *community* zu etablieren.

Deshalb ist es verständlich, dass sich Lorenz bewusst dagegen entschied, sein Max-Planck-Institut in Seewiesen mit der Denomination

»für Tierpsychologie« zu versehen, und stattdessen die zeitgeistgerechte Bezeichnung »für Verhaltensphysiologie« wählte.[16] Doch seine Schriften zeigen, dass es ihm in all seiner Forschung eben doch um das *subjektive Erleben* der Tiere ging. Von diesem inneren Erleben, von den Gefühlen und Gedanken der Tiere handeln nicht nur seine Abhandlungen auf fast jeder Seite, sondern auch seine außerordentlich erfolgreichen populärwissenschaftlichen Bücher; gerade sie haben ihm den Beinamen *Einstein der Tierseele* eingetragen. Denn es ist die innere Perspektive der Tiere, die für die Leser spannend ist und auf der, trotz aller technischen Hochrüstung des Instituts, seine eigene Forschung beruhte, wie es auch die weitverbreiteten Fotos, die ihn inmitten von Tieren bei der Arbeit zeigen, zutreffend zum Ausdruck bringen. Dazu bediente er sich vor allem der hermeneutischen Methode der *teilnehmenden Beobachtung*, die er zur höchsten Vollkommenheit brachte und die auch von Ethnologen und Soziologen angewendet wird. Seine geniale, einzigartige Intuition, eine methodisch nicht einholbare Voraussetzung allen fruchtbaren Verstehens, auch des Tierverstehens, bewährte sich dabei immer wieder.

Der Schweizer Forscher Heini Hediger sagt rückblickend: »Als Konrad Lorenz, Bernhard Grzimek und ich 1960 im Hallwag Verlag in

Bern die Zeitschrift ›Das Tier‹ gründeten, hieß es im Vorwort zur ersten Nummer, von uns dreien unterzeichnet: ›Wir sind alle drei Tierpsychologen, wir beschäftigen uns weniger mit dem Körperbau als mit dem Wesen der Tiere, ihrer Art zu leben, miteinander zu leben.‹ Wenig später hätte Konrad Lorenz sich nicht mehr als Tierpsychologe bezeichnet; auch er ist Ethologe geworden, wenngleich nicht so radikal wie viele andere Verhaltensforscher.«[17] Diese Wende verfolgt Hediger auch am Titel einer der wichtigsten Fachzeitschriften, die zunächst als *Zeitschrift für Tierpsychologie* gegründet wurde. Vom 26. Jahrgang aus dem Jahr 1969 an erschien sie jedoch mit dem Untertitel »Journal of Comparative Ethology«, zunächst in kleiner Schriftgröße, dann größer, und seit 1980 nennt sich die Zeitschrift *Ethology (formerly Zeitschrift für Tierpsychologie).*[18]

Freilich hat inzwischen eine sehr deutliche Gegenbewegung eingesetzt. Arbeiten über das Empfinden, über das Bewusstsein der Tiere, über trauernde Tiere usw. kommen gegenwärtig ausgerechnet aus den USA, die zuvor Vorreiter der reduktionistischen Methode waren, nach der sowohl Tiere wie auch Menschen als biologische Apparate zu betrachten seien, deren Gesetze zu erkunden sind. Dabei wird seit kurzem auch die Angst thematisiert und explizit in einen ökologischen Kontext gestellt.[19] Diese neueren Ansätze einer *ecology of fear* sind wichtig und fruchtbar, sie übersehen aber die grundlegenden Gedanken, die der Zoologe und Tierpsychologe Heini Hediger bereits seit den 1930er Jahren zur Angst der Tiere publiziert hat. Während in den modernen Studien zur *ecology of fear* die Angst der Tiere vor den Menschen kaum thematisiert wird, war gerade diese der Dreh- und Angelpunkt der Forschung von Hediger. Und sie ist es auch, die uns im Kontext des Anthropozäns in erster Linie zu beschäftigen hat.

Die Angst als Innenseite des Anthropozäns

Angst ist ein subjektiver Zustand, und dazu einer, den nicht nur wir, sondern den viele, vielleicht alle Tiere kennen. Sie mobilisiert letzte Reserven, sei es für die Flucht, sei es für den Kampf. Ohne die vorauslaufende Sorge, eine verdünnte Form der Angst, wäre die Wachsamkeit der Tiere nicht so rege. Explosiv kann sich Angst entfalten, bisweilen aus dem Nichts heraus; ehe man auch nur begriffen hat, dass man flieht, rennt man bereits. Weil die Bedrohung plötzlich und ganz unvermittelt auftauchen kann, ist die Angst im Untergrund immer wach. Hunger, Durst und sexuelle Begierde, die ebenfalls zentrale Triebe sind, sind Bedürfnisse, die ein Lebewesen, wenn nötig, eine Zeitlang aufschieben kann.[20] Nicht aber die Angst.

Angst ist mit Gefahr verbunden. Lebewesen ängstigen sich, weil sie bedroht werden. Auf Bedrohung müssen sie reagieren – sei es, indem sie sich bereit machen zum Kampf, sei es, indem sie sich still ducken, oder sei es, indem sie mit aller Kraft losrennen, losfliegen, wegschwimmen oder

-krabbeln. Egal was, es muss sofort geschehen. Abwarten ist verhängnisvoll. Auch deshalb ist die Angst eine den ganzen Leib alarmierende Regung. Sie ist nicht nur, wie die Existenzphilosophie gezeigt hat, ein anthropologisches Phänomen, sie ist auch, wie zuerst der Zoologe Heini Hediger in seinen Studien herausgearbeitet, aber auch der Philosoph Hans Jonas betont hat, ein biologisches Urphänomen.

Angst hat weitgehende Auswirkungen, weil Gefahren in der Fantasie vorweggenommen werden können oder bisweilen durch die Fantasie überhaupt erst erschaffen werden. Tiere können vielleicht nicht ihren Tod vorhersehen, wissen vielleicht nicht um die Tatsache, dass sie sterben müssen. Aber sie wissen, dass sie vor tödlichen Gefahren, insbesondere vor ihren Feinden, fliehen müssen und dass sie auch dann, wenn gerade kein Feind in Sicht ist, wachsam zu sein haben. Deshalb formt die Angst nicht nur den Ausnahmezustand der Flucht, sondern auch den Alltag, gliedert die Zeit und den Raum wie ein transzendentales Apriori. Sie legt nahe, bestimmte Orte zu bestimmten Zeiten zu meiden, wie auch Menschen, die in einer Großstadt leben, zu bestimmten Zeiten nicht in bestimmte Gegenden gehen, etwa weil sie fürchten, überfallen zu werden. Tiere, die vor ihren Feinden auf der Hut sind, verhalten sich ähnlich. Sie wagen sich nur zu bestimmten Zeiten und an bestimmten Orten aus dem für sicher gehaltenen Versteck: »In der Tat ist das freilebende Wildtier dauernd damit beschäftigt, sich vor Feinden in acht zu nehmen, die immer und überall drohen können.«[21] Die Sorge ist die Hauptbeschäftigung des Tieres und wird selbst während des Schlafes nie ganz unterbrochen.[22] Sie bestimmt den Alltag der Tiere, ihr Verhalten bei der Nahrungssuche, ihre Fortpflanzungsaktivitäten usw.[23] Zugleich ist sie bestimmender Faktor im Verhalten der Wildtiere gegenüber dem Menschen.

Unsere Zeit wird als Anthropozän bezeichnet, weil Menschen sogar in geologischem Maßstab wichtige Agenten auf der Erde sind. Sie bewegen heute ebenso viel Gestein und Erdreich wie das Wasser[24], verbreiten Radionuklide und chemische Verbindungen über die Oberfläche der Erde, Substanzen, die es in der Natur niemals gab. Menschen bewirken gegenwärtig dramatische biologische und ökologische Transformationen, die sich manifestieren nicht nur in der Vermüllung der Meere und Gewässer mit Plastik und mit zahlreichen synthetischen, vielfach biologisch aktiven Substanzen (Stickstoffverbindungen, Phosphorverbindungen usw.), nicht nur im Anstieg klimarelevanter Spurengase in der Atmosphäre, sondern auch in der gezielten Vernichtung von Ökosystemen und im globalen

Artensterben, dem Aussterben großer Gruppen von Organismen aufgrund menschlicher Aktivitäten. Mehr als 55 Prozent der gesamten eisfreien Landfläche wurden von Menschen mehr oder weniger radikal transformiert[25], durch Nutzung für Forste, Ackerbau, Wasserkraftgewinnung usw. Der durch den Menschen verursachte Artenschwund ist nach Ansicht von Biologen nur noch vergleichbar mit jenem sogenannten Faunenschnitt vor 65 Millionen Jahren, als ein Meteorit in der Nähe von Yukatan auf die Erde prallte und das damalige Leben, einschließlich der Dinosaurier, zu großen Teilen vernichtete. Heute sind, so die neuesten Schätzungen, 23 Prozent aller Säugetiere, 12 Prozent aller Vögel, 25 Prozent aller Nadelbäume und 32 Prozent aller Amphibien akut von der Auslöschung bedroht. Seit Beginn der industriellen Fischerei sind die Fischpopulationen drastisch zurückgegangen. Bei den Insekten ist die Schätzung aufgrund der Vielzahl der Arten – allein in Deutschland gibt es etwa 50 000 Arten – deutlich schwieriger. Hier kennen wir vielfach nur lokale Studien. Aber auch diese weisen in dieselbe Richtung. So sind zwischen 1972 und 2012 von den im Moseltal vorkommenden Magerrasen-Schmetterlingsarten 40 der ursprünglich 70 Falterarten verschwunden, nur drei kamen hinzu.[26]

Auch die Zahl der Nutztiere zeigt, wie rücksichtslos die künstlichen Biotope des Menschen auf Kosten der natürlichen Welt gewachsen sind: 1,5 Milliarden Rinder und Büffel grasen weltweit und mehr als 1,7 Milliarden Ziegen und Schafe. Das Gewicht der menschlichen Nutztiere übertrifft inzwischen das Gesamtgewicht *aller* wildlebenden Säugetiere um das Zwanzigfache.[27] Der Mensch ist das herrschende Tier auf diesem Planeten[28] und der zentrale Feind der meisten Organismen. Genau dieser ökologische Sachverhalt und weniger die geologische Epochengrenze ist es, worauf der Begriff des Anthropozäns hinweist.

Aber das durch Statistik belegbare Töten und Ausrotten ist nur der sichtbarste Effekt, den ein Feind auf diejenigen Lebewesen hat, die er bedroht. Ein Feind erzeugt auch Angst, und zwar umso mehr Angst, je übermächtiger er ist. Angst ist ein ökologisch folgenreicher innerer Zustand. Der gesamte Alltag kann von Angst geprägt werden: die Wege verändern sich, der Schlaf, die Ernährung, die Fortpflanzung. Wenn für eine sehr große Zahl, vielleicht sogar für die meisten der wildlebenden Wirbeltiere die Menschen der wichtigste Feind sind, und wenn Tiere Emotionen haben, dann ist die chronische, nicht nur gelegentliche Angst vor den Menschen eine wesentliche, wahrscheinlich die bestimmende Emotion. Diese Einsicht formulierte Heini Hediger erstmals in den 1930er Jahren: »Da mit wenigen Ausnahmen (z. B. Vampire, Piranhas, gewisse Haie) alle höheren wildlebenden Tiere die Tendenz haben, sich vor dem Menschen zurückzuziehen, d. h. bei seiner Annäherung vor ihm zu flüchten, so ist die Flucht diejenige Lebensäußerung, welche der Mensch am allerehesten zu beobachten Gelegenheit findet.«[29] Und weiter: »Sehr oft wird die Raubtierrolle vom Menschen gespielt. Es gibt [...] wohl kaum eine Tierart, die nicht – oft seit Jahrhunderten oder Jahrtausenden – von ihm verfolgt würde. Man darf daher sagen, daß der Mensch mit seiner weltweiten Verbreitung und seinen fernwirkenden Waffen sozusagen als Universalfeind im Brennpunkt der tierlichen Fluchtreaktionen steht.«[30]

Die Angst der Tiere vor den Menschen ist die Innenseite des Anthropozäns. Diese Angst hat eine ganze Kaskade von Effekten. Tiere, die sich fürchten, essen weniger, sie bringen weniger Junge zur Welt.[31] Und: Tiere, die sich fürchten, zeigen sich nicht. Sie verlegen ihre Aktivitäten vom Tag in die Nacht und meiden in ihrem Habitat alle Orte, an denen sie Gefahr laufen, dem Furchtbaren zu begegnen, das sie ängstigt. So hat die Angst eine Vielzahl von sekundären ökologischen Auswirkungen.

Die Angst vertieft die Entfremdung zwischen Mensch und Natur, weil sie dazu führt, dass Begegnungen zwischen Wildtieren und Menschen selten und monoton werden. Die Angst als Ausgangspunkt dieser Überlegungen führt deshalb auch zu einer neuen Perspektive auf naturpolitische Handlungsfelder.

Mein Ziel ist es, das Phänomen der Angst der Wildtiere vor dem Menschen als Kennzeichen des Anthropozäns herauszuarbeiten und einige Handlungsoptionen aufzuzeigen. Von einem Phänomen spreche ich, weil darin etwas Überraschendes liegt. Anders als wir meinen ist es nämlich nicht selbstverständlich, dass Tiere panische Angst vor uns haben und davonrasen, -fliegen oder -kriechen, sobald sie uns auch nur von fern sehen.

Die Angst der Tiere vor den Menschen ist kein Naturgesetz; die Tiere sind gegenüber dem Menschen nicht von Natur aus scheu. Ihre Furcht ist erlernt und wird als erlernte an die nächste Generation weitergegeben. Dafür gibt es eine Reihe von Indizien. Im Zeitalter der Entdeckungen wurden zahlreiche Inseln von Europäern angesteuert, deren Tierwelt keinerlei Scheu vor Menschen zeigte. Der Amerikanist Georg Friederici hat in alten Reiseschilderungen zahlreiche Beschreibungen angstfreier Tiere gesammelt – von Columbus auf den neu entdeckten Inseln Alto Velo und Beata bis Vespucci und dem brasilianischen Archipel Fernando de

Noronha.[32] Die Tatsache, dass die Vögel vieler neuentdeckter Inseln so sorglos waren, dass die hungrigen Seeleute nur die Hand nach ihnen ausstrecken mussten, um sie zu fangen, ist allgemein bekannt. Doch nahezu alle Tierarten jener Inseln waren, da sie die Menschen nicht kannten, zu ihrem eigenen Schaden völlig unbesorgt, wie Friederici herausgearbeitet hat: »Selbst die Fische der Bermudas«, schreibt er, »waren wie die Fische im Märchen so zahm, daß sie sich mit der Hand fangen oder mit einem Stock erschlagen ließen«.[33] Er fügt hinzu, dass sich Ähnliches während der *Conquista* auch auf dem Festland zeigte, »als die Kaninchen und Präriehunde die ihnen bisher unbekannten Pferde nicht vom ungefährlichen Bison zu unterscheiden vermochten, und die Hirsche Mittelamerikas und der Llanos von Venezuela eben diese Pferde für ihresgleichen hielten, und sie alle daher eine leichte Beute der berittenen Spanier wurden«.[34]

Auch bei den Entdeckungsreisen des späten 19. und frühen 20. Jahrhunderts zeigte sich immer wieder ein ähnliches Bild; insbesondere Nordlandfahrer erzählten davon, aber auch Afrikareisende. In *Brehms Thierleben* findet man zahlreiche Schilderungen dieser Art. Auch Charles Darwin geht mehrfach auf den merkwürdigen Kontrast im Verhalten der Tiere ein, das er von England aus gewohnt war, wo sogar Vögel die

Menschen fürchteten, und dem zutraulichen Verhalten von Tieren in jenen entlegenen Gegenden, die er auf der Reise mit der HMS Beagle kennenlernte.[35]

Der Großwildjäger und Naturschützer Carl Georg Schillings schreibt zu Beginn des 20. Jahrhunderts blumig: »Ich halte die Mythe vom Paradiese und der ehemals herrschenden Eintracht unter seiner Tierwelt nicht für unwahr. Was die glaubwürdigsten Männer aus den hochpolaren Gegenden unserer Erde erzählen, daß sie dort die ausnehmend klugen Seelöwen und Robben, Renntiere [sic!] und Vögel antrafen, die nicht einen Zoll vor dem Menschen zurückweichend, keine Spur von Angst bezeigten, hat vor der beginnenden Suprematie des *homo sapiens* für unsern gesamten Planeten gegolten. Was jene Männer in den menschenleeren polaren Wüsten geschaut, habe ich in den Wüsten des in seiner blendenden Lichtfülle zu Unrecht mit dem Namen des schwarzen Kontinents bezeichneten Erdteiles noch heutigen Tages oftmals beobachten dürfen. In der Gemeinschaft einer einzigen ungeheuren Herde drängten sich Fried- und Raubtiere zu gewissen Zeiten in den Steppengegenden zusammen.«[36] Es ist wohl kein Zufall, dass bei Schillings das Wort Paradies auftaucht oder bei Friederici der Begriff Märchen. Die Visionen einer friedlichen, angstfreien Koexistenz, die sie entwerfen, sind Sehnsuchtsbilder. Vielleicht rühren sie auch an alte Erinnerungen?

Wie viele andere Afrikareisende weist auch Schillings darauf hin, dass durch die Einführung europäischer Schusswaffen eine neue Situation entstehe: »Hat der Eingeborene Schußwaffen, so vermag er bei seiner großen Geduld Wild jeder Art ohne Gefahr für ihn selbst auf dem Anstand zu erlegen; er vermag die sonst von ihm gefürchteten Elefanten und Nashörner anzugreifen, und vor allen Dingen als Jäger in den Dienst europäischer und indischer Händler zu treten, die ihn beauftragen, um der Häute willen Tiere für sie zu erlegen.«[37]

Erst durch die Ausbreitung europäischer Feuerwaffen im Zuge des europäischen Kolonialismus im 18. und 19. Jahrhundert, und nicht einfach durch die von Schillings abstrakt beschworene »Suprematie des *homo sapiens*«, entstand eine neue Geografie der Angst, die sich messbar in deutlich vergrößerten Fluchtdistanzen manifestierte. Der britische General und Jäger Burton fasst seine Beobachtungen ähnlich zusammen: »Meine eigene Erfahrung in Indien hat mich gelehrt, dass man dort leicht an wilde Tiere herankommt, wo diese nicht viel gejagt wurden.«[38] Und umgekehrt: »Es ist bemerkenswert, dass Tiere, die viel gejagt werden, bald wild und scheu werden.«[39]

Diese Beispiele zeigen, dass es ein Zusammenleben von Menschen und Tieren, das nicht durch chronische Angst auf Seiten der Tiere geprägt ist, geben kann. Solche Formen des Zusammenlebens gab es schon einmal, und sie können unter veränderten Voraussetzungen auch wieder neu entstehen.

Tiere empfinden

Woher wissen wir, dass Tiere ein Innenleben haben, das dem unseren ähnelt?

Subjektivität ist der Begriff, mit dem man in der Philosophie beschreibt, was innen geschieht. Aber was ist das? Es gibt zahlreiche, unterschiedlich komplexe Begriffe von Subjektivität. Im Folgenden möchte ich den wohl anspruchslosesten zugrunde legen, der besagt, dass ein Wesen, dem wir Subjektivität, ein Innenleben, das heißt eine rudimentäre Form von Bewusstsein zusprechen, nicht nur in bestimmten Zuständen ist, sondern dass sich diese für dieses Wesen zugleich in einer bestimmten Weise *anfühlen*. Im Wesentlichen ist das die Begriffsbestimmung, die Thomas Nagel in seinem berühmten Essay »What is it like to be a bat?« gibt. Er schreibt dort: »fundamentally an organism has conscious mental states if and only if there is something that it is like to be that organism«[40] – Ein Lebewesen hat Bewusstsein genau dann, wenn es sich für dieses Lebewesen irgendwie anfühlt, dieses Lebewesen zu sein. Dies nennt Nagel den subjektiven Charakter der Erfahrung. Mit seiner Definition reiht sich Nagel in eine lange Tradition ein. Er bezieht sich auf die ursprünglich von Hegel getroffene und von Jean-Paul Sartre popularisierte Unterscheidung zwischen dem *Für sich* und dem *An sich*. Subjekte haben demnach nicht nur ein An-sich-Sein, sondern auch ein Für-sich-Sein.

Dass Menschen in diesem Sinne Subjektivität besitzen, wird nur von wenigen bestritten, doch auch Tiere empfinden, denken und entscheiden im eigentlichen Wortsinn. Sie sind erlebende Individuen, ja oft sogar Persönlichkeiten mit ganz individuellen Vorlieben.[41] Man kann daher Tiere und ihr Verhalten nicht nur als Objekte studieren, sondern kann sie auch als Subjekte verstehen.

Der positivistische Geist des 20. Jahrhunderts hat freilich, wie schon sein Ahnherr, der Cartesianismus,[42] geleugnet, dass wir wissen können, ob das Tier etwas empfindet. Zunächst klingt das einleuchtend, denn anders als mit Menschen können wir uns mit Tieren nicht über ihre inneren Zustände unterhalten. Doch auch wenn man zugesteht, dass ein Hund keine Sätze spricht: er jault, winselt oder bellt. Er äußert sich, zeigt Absichten, Einsichten und Emotionen. Durch Methoden moderner Forschung sind wir in der Lage, im Blut biochemische Marker zu messen, die mit bestimmten Emotionen in Beziehung stehen. Das alles sind zwar nur vermittelte Zeichen für innere Prozesse – und doch ist die Evidenz insgesamt eindeutig: Wer leugnet, dass Hunde, Rehe, Mäuse, Vögel Angst empfinden können, der hat auch keine hinreichenden Gründe, davon auszugehen, dass Mitmenschen Angst oder irgendeine andere Emotion empfinden könnten.[43] Denn auch das subjektive Empfinden der anderen ist uns nur vermittelt zugänglich.

Die Diskussion über innere, seelische oder subjektive Zustände von Tieren, heute gern als Frage nach dem Geist (engl. *mind*) der Tiere gestellt, wurde schon im Hellenismus geführt, zur Zeit der Aufklärung auf hohem Niveau wieder aufgegriffen und im Rückgriff darauf im 19. und 20. Jahrhundert systematisch und intensiv diskutiert.

Charles Darwin hat nie daran gezweifelt, dass Tiere Gefühle haben, wie er klar bekennt. Wäre es anders, müsste man nämlich an der Wahrheit der Evolutionstheorie zweifeln: »Wenn außer Menschen kein organisches Wesen irgend eine geistige Kraft aufwiese, oder wenn unsere Kräfte grundverschieden von denen der Tiere wären, so würden wir uns nie davon überzeugen können, daß sich unsere hohen Fähigkeiten stufenweise entwickelt haben.«[44] Darwin widmet ein ganzes Kapitel seiner Schrift über die Abstammung des Menschen dem Nachweis, »daß in den geistigen Fähigkeiten kein fundamentaler Unterschied zwischen den Menschen und den höheren Säugetieren besteht.« Und weiter: »Die Tiere empfinden offenbar gerade so gut wie der Mensch Freude und Schmerz, Glück und Elend.«[45]

Wer von einer Evolution im darwinschen Sinn überzeugt ist, muss deshalb auch akzeptieren, dass Tiere ihre Gefühle bewusst erleben und daher auch ein Bewusstsein haben. Selbstverständlich ist von Abstufungen auszugehen, die in der modernen Forschung immer wieder diskutiert werden und übrigens schon den Tierpsychologen des 20. Jahrhunderts deutlich waren. Tiere sprechen nicht, sie verfügen über keine Sprache, die es gestattet, einzelne Sachverhalte zu explizieren. Mit ihren Rufen können sie sich nur auf Situationen im Ganzen beziehen, aber diese nicht analytisch in einzelne Faktoren zerlegen.

Auch ihr Selbstbewusstsein ist vermutlich kein reflektiertes[46], weil nicht sprachlich vermittelt. Das bedeutet aber nicht, dass sie dann eben überhaupt kein Selbstbewusstsein haben. Bei vielen Tieren lässt sich nachweisen, dass sie ein Körperschema im Kopf haben, also wissen, wie groß sie sind oder dass sie Hörner oder ein Geweih tragen. Sie stellen nämlich bei ihren Bewegungen die Ausdehnung ihres Körpers in Rechnung. Manchen Tieren wiederum fehlt diese Art des Selbstbewusstseins, etwa den Schlangen, die über den Umfang ihres Körpers so schlecht orientiert sind, dass sie oft in Gittermaschen steckenbleiben. Einige Tiere kennen darüber hinaus ihren Schatten, manche erkennen auch ihr Spiegelbild. Viele Tiere haben olfaktorische oder auch akustische Eigennamen, die sie als ihre eigenen erkennen und anerkennen.[47] Alle Tiere aber haben in der Flucht ein primitives Selbstbewusstsein, sie wissen, dass sie selbst es sind, die bedroht werden, dass sie von dem Ort, an dem sie sich befinden, flüchten müssen.

Bewusstsein ist eine evolutionäre Errungenschaft, denn es ist vorteilhaft für Tiere, die sich bewegen können, Gefühle wie Hunger, Durst, sexuelle Begierde, Angst und Schmerz zu empfinden. Diese Gefühle leiten ein sinnvolles Handlungsprogramm ein. Bewusstsein ist biologisch wichtig, weil Organismen, die sich bewegen können, entscheiden müssen, wohin die Reise oder auch die Flucht gehen soll.[48] Bewusstsein ist also biologisch zweckmäßig, und wenn es das ist, dann spricht wenig dafür, dass nur Menschen es haben sollten.

Unter den Philosophen der Moderne ist in erster Linie Hans Jonas auf das Bewusstsein und das Emotionsleben der Tiere eingegangen. Für Jonas sind Bewegungsfähigkeit, Wahrnehmung und Gefühl die drei Fähigkeiten, durch die sich Tiere und Pflanzen unterscheiden. In der Wahrnehmung wird der Raum überbrückt: was man sieht, hört oder riecht, ist entfernt. Im Gefühl aber wird, so analogisiert Jonas, die Zeit überbrückt: »Gier liegt an der Wurzel der Jagd, Furcht an der Wurzel der Flucht.«[49] Nur das Begehren des einen Tieres auf ein anderes lässt ein neutrales Phänomen im Sehfeld zum *Ziel* werden.[50] Und nur wenn das Tier das Wahrgenommene als *Gefahr* auffasst, die es bedroht, kommt es zur Flucht. Der Angst wiederum bedarf es, um die Anstrengung der Flucht für eine hinreichend lange Zeit aufrechtzuerhalten. Weil Tiere, anders als Pflanzen, nicht nur in einem Um*feld*, sondern in einer durch Raum und Zeit geordneten Um*welt* leben, haben sie Gefühle. Und die wesentliche Achse dieser Gefühle geht zu einem Objekt hin bzw. von einem Objekt weg. Es ist also die Bewegungsfähigkeit, verbunden mit der Wahrnehmungsfähigkeit, die Bewusstsein in Gestalt bewusster Emotionen herbeiführt oder zumindest eine sinnvolle Einheit mit ihm bildet.

Tiere verstehen

Nun könnte man zugestehen – und Forscher wie Konrad Lorenz haben das gern getan –, dass es ein Innenleben der Tiere gibt, um sogleich einzuschränken, dass wir über dieses nichts wissen können. Man könnte also sagen: Tiere haben Empfindungen, das ist gewiss, doch was sie empfinden, entzieht sich unserer Kenntnis. Wie kommen wir also dazu, diesem oder jenem Tier Angst, einen ganz bestimmten Zustand also, zuzuschreiben? Ist dies nicht einfach eine Projektion, ein unerlaubter Schluss von unserer eigenen Innenwelt auf die Innenwelt der Tiere? Ähnlich vehement wie das Bewusstsein von Tieren insgesamt wird also auch die Möglichkeit bestritten, einen Zugang zu diesem Bewusstsein zu gewinnen.[51]

Den Zugang zur Innenwelt eines anderen bezeichnet man üblicherweise als ›Verstehen‹. Verstehen ist nicht nur eine unentbehrliche Alltagskompetenz, sondern auch eine wissenschaftliche Aufgabe, die meist den Geisteswissenschaften zugeordnet wird. Die Naturwissenschaften, so lehrt eine berühmte Unterscheidung, die auf

Wilhelm Dilthey zurückgeht, *erklären*, die Geisteswissenschaften *verstehen*. Fast noch eifriger als von Seiten der Naturwissenschaftler wird dieser vermeintliche Gegensatz von Seiten der Geisteswissenschaftler selbst betont: Dass die Verfahren, die zum Verstehen von Natur führen, und die Verfahren, die zum Verstehen menschlicher Handlungen – oder den Produkten solcher Handlungen – führen, tiefgreifend verschieden sind, ist ein stabiles Dogma neuzeitlichen Denkens.

So sagt der Cartesianer Johannes Clauberg in seiner 1658 gedruckten *Logica vetus et nova*: »Est itaque alia naturae, alia authorum analysis« – es ist eine Sache, die Natur, eine andere, einen Schriftsteller zu analysieren.[52] Die Analyse der Natur vollzieht sich im Experiment, die Analyse der Texte durch Hermeneutik. Dass die Natur nicht hermeneutisch erfasst werden kann, ebenso wenig, wie man Texte mithilfe von Experimenten verstehen kann, ist seither fester Teil des Selbstverständnisses insbesondere der Geisteswissenschaften, trotz mancher einflussreicher Gegenstimmen. Auch die Entdeckung der Zeitlichkeit der Natur und ihres Prozesscharakters hat daran wenig geändert. Vielmehr wird gerade am Prozesscharakter festgemacht, dass die Natur keine Geschichte habe. So erklärt der englische Archäologe und Philosoph Robin George Collingwood, der sich dabei auf Whiteheads Prozessontologie bezieht, dass es kennzeichnend für die Prozesse der Natur sei, dass diese keine Innenseite hätten: »es gibt keine Geschichte der Natur und kann auch keine geben [...]. Ohne Zweifel: die Natur enthält, unterliegt und besteht sogar aus Prozessen. Ihre Wandlungen in der Zeit sind ihr wesentlich, man kann sogar, was einige tun, sagen, dass es in der Natur nichts anderes gibt noch jemals gab als den Wandel; und dieser Wandel kann sogar kreativ sein, also nicht nur eine bloße Wiederholung festgelegter Kreisprozesse, sondern die Entwicklung neuer Ordnungen des Naturseins.«[53] Trotz all dieser Prozessualität, in der man ja auch eine Analogie zwischen Naturprozessen und den historischen Prozessen in der Menschenwelt erkennen könnte, gebe es einen fundamentalen Unterschied zwischen dem Erkennen der Natur und dem Erkennen von Kultur und Geschichte.

Für Collingwood kommt es bei der Gewinnung von historischem Wissen darauf an, dass der Historiker die Vergangenheit in seiner Vorstellung nachvollziehen (*to reenact*) muss.[54] Er formuliert damit ein wichtiges hermeneutisches Prinzip, das ähnlich bereits Dilthey vertrat, denn verstehen bedeutet oft, sich in die Lage eines anderen zu versetzen, zu begreifen, wie die Welt aus dessen Perspektive aussieht, sich *einzufühlen*, wie der deutsche Ausdruck lautet. Für den Historiker, den Ethnologen, den verstehenden Soziologen, den Literaturwissenschaftler oder den verstehenden Psychologen ist es essenziell, eine Außenseite und eine Innenseite zu unterscheiden: »Mit der Außenseite eines Ereignisses meine ich alles, das zu diesem gehört und das mit Worten beschrieben werden kann, die sich auf Körper beziehungsweise Bewegungen von Körpern beziehen: Der Übertritt Caesars, in Begleitung bestimmter Leute, über einen Fluss, den man Rubicon nennt zu einem bestimmten Zeitpunkt oder das Vergießen seines Blutes auf dem Boden des Senates zu einem anderen Zeitpunkt. Mit der Innenseite eines Ereignisses meine ich das, was nur als Gedanke beschrieben werden kann: Caesars Missachtung des republikanischen Gesetzes [...].«[55] Der Historiker müsse immer beides im Blick behalten. Im Fall der Natur aber wäre die Unterscheidung zwischen Innen und Außen nicht aufrechtzuerhalten: »Die Ereignisse in der Natur sind bloße Ereignisse, nicht die Handlungen von Akteuren, deren Gedanken der Wissenschaftler verfolgt.«[56]

Deshalb sei die Aufgabe des Geisteswissenschaftlers viel komplexer als die Aufgabe des Naturwissenschaftlers, denn die Prozesse, für die sich der Historiker interessiert, seien nicht bloße Ereignisse, sondern Handlungen. Sie haben eine

Innenseite, und genau die versucht der Historiker zu erforschen, indem er aus den objektiven Archivalien auf Intentionen schließt.

Zwar gesteht Collingwood auch Tieren etwas Ähnliches wie Denken zu, glaubt aber, man könne dies vernachlässigen, weil Tiere von Trieben gesteuert seien,[57] mithin als Quasiautomaten gedacht werden können. Dies ist eine klassische Ansicht, die sich so oder ähnlich auch bei anderen Denkern, etwa bei dem Historiker Droysen oder auch bei Hegel findet. Auch in einer neuen Verteidigung der Hermeneutik durch den analytischen Philosophen Wolfgang Detel werden ähnliche Gräben errichtet. In seiner ausgezeichneten Studie *Geist und Verstehen*, die die hermeneutischen Verfahren mit Mitteln der analytischen Philosophie rekonstruieren will, unterscheidet Detel explizit die Bereiche des Erklärens und des Verstehens. Neben der Ableitung aus Naturgesetzen erwähnt er auch funktionalistische Erklärungen, die in der Biologie von Bedeutung seien. Jedoch zieht er nicht in Betracht, dass Tiere, nicht nur Menschen und Menschenwerk, *verstanden* werden können, dass man ihre Innenseite, ihre mentalen Zustände, ihre Gefühle, ihre Gedanken und ihre Absichten erschließen kann.

Natürlich gibt es erhebliche Unterschiede, die Detel, ausgehend von neueren kognitionspsychologischen Experimenten mit Schimpansen, gründlich darlegt.[58] Menschen haben zweifellos mehr Möglichkeiten, ihre Subjektivität transparent zu machen als Tiere, denen oft nicht nur die Sprache, sondern auch die Mimik fehlt.

Doch wenn es Bewusstsein bei Tieren gibt, dann kann man dieses Bewusstsein auch verstehend erschließen. Verstehen kann man dabei mit Detel folgendermaßen definieren: »Lebewesen A versteht Lebewesen B, wenn A und B einen Geist haben und A einige mentale Zustände oder geistige Produkte (Zeichen) von B erfasst.«[59] In diesem Sinn findet ständig und überall auf dem Planeten Verstehen der Tiere durch den Menschen und der Menschen durch Tiere statt – und auch von Tieren untereinander. Bei nahezu allen Begegnungen von Menschen mit Tieren ist es im Spiel, seien dies nun Wildtiere oder gezähmte Tiere. Ein professionelles Verstehen von Tieren ist zugleich aber methodisch gerüstet, mit Technologien und Geräten einerseits und mit Theorien andererseits, etwa Lerntheorien oder Kosten-Nutzen-Analysen. Analog zum Menschen kommen also auch ökonomische Theorien zum Einsatz, um das Verhalten von Tieren zu verstehen.[60]

Auch im praktischen Umgang mit Tieren, im Zoo, auf dem Bauernhof oder in der Manege, ist das Verstehen unerlässlich; methodische Schulung muss sich auch hier mit Intuition verbinden. Man kann plausibel beweisen, ob man Tiere richtig verstanden hat. Als Test kann hier wie auch sonst in den Naturwissenschaften die Vorhersage dienen. Wenn jemand das Verhalten eines Tieres zuverlässig vorhersagen kann, dann versteht er es.

Auch wenn man sich mit Tieren nicht oder nur sehr eingeschränkt in satzförmiger Rede unterhalten kann, begründet das noch keine Sonderstellung des Tierverstehens. Denn es gibt Beispiele verstehender Professionen, die ebenfalls ohne das Gespräch auskommen müssen und doch die Innensicht eines anderen erschließen: die Profiler in den Kriminalämtern etwa oder Archäologen, die sich ohne schriftliche Berichte mit Artefakten der Frühgeschichte befassen.

Es gibt Möglichkeiten, den Ausfall des sprachlichen Austauschs zu kompensieren. Im Bereich der hermeneutischen Naturwissenschaften werden die Fragen oft in Gestalt von Experimenten formuliert, das Tier wird durch bestimmte Vorrichtungen mit Verhaltensalternativen konfrontiert und aus seinem Handeln werden Schlüsse gezogen. Einfache technische Maßnahmen sind dabei für den Fortschritt der hermeneutischen Naturwissenschaften von entscheidender Bedeutung. So ist es wichtig, *einzelne* Tiere wiederzuerkennen, gerade auch bei Insekten wie Hummeln oder Bienen oder Ameisen – dazu werden Bienen etwa mit Kombinationen von farbigen Punkten markiert.

Gegenüber der kulturwissenschaftlichen Hermeneutik hat die naturwissenschaftliche nicht nur methodische Nachteile, sie hat auch Chancen, die die kulturwissenschaftliche Hermeneutik, welche sich auf Menschen, ihre Geschichte, ihre Handlungen und ihre Hervorbringungen bezieht, nicht nutzen kann. So hält sie sich für berechtigt, die Organismen, die sie zunächst verstehend beobachtet, zu töten und anschließend zu sezieren, woraus nach Ansicht der Forscher bedeutende neue Erkenntnisse gewonnen werden.[61]

Auch für das Verstehen der Angst bei Tieren wurden solche experimentellen Techniken vielfach eingesetzt. Die dabei gewonnenen Einsichten in den »neuronalen Schaltkreis der Angst« zeigen, dass Angst durchaus etwas ist, das sich messen lässt.[62] Mit den bildgebenden Verfahren sind auch nichtdestruktive Techniken im Einsatz, bei denen das Versuchstier am Leben bleibt.

Es ist also durchaus möglich, mithilfe moderner Methoden das Empfinden und Handeln von Tieren zu verstehen. Es zeigt sich: Das andere Lebewesen ist nicht nur ein Etwas, sondern ein Jemand. Das Verstehen sucht die Annäherung, lässt sich berühren vom anderen, öffnet sich und lässt sich verändern. Doch welche Bedeutung hat das? Natürlich eine ethische, denn mit einem bewusst empfindenden Wesen sollten wir anders umgehen als mit einer Maschine. Doch darüber hinaus? Verstehen wir die Natur besser, wenn wir uns bemühen, die Innenperspektiven der Tiere zu erschließen?

Verstehen wirkt sich auf uns selbst aus, denn wer andere Lebewesen versteht, erweitert seinen Horizont, lernt neue Sichtweisen, vielleicht auch neue Gefühle kennen.

Und man kann auch mehr erklären. Es sind nicht nur beliebige Ortsveränderungen dieses oder jenen Tieres, die wir mit Rückgriff auf sein Innenleben erklären können. Das Handeln der Tiere kann durchaus Geschichte machen, es muss nicht nur ein punktueller Geistesblitz sein, der aufflackert und gleich wieder verlöscht, weil sich nicht einmal das Tier selbst daran erinnert. Vielmehr kann das bewusste, innovative Handeln eines Tieres *Schule machen*, innerhalb seiner eigenen Gruppe oder auch über die eigene Gruppe hinaus.[63] Japanische Primatologen waren die Ersten, die zeigen konnten, dass es in Tiergesellschaften Kultur in dem Sinn geben kann[64], dass die Handlungen einzelner Tiere zu Ausgangspunkten von Nachahmungen anderer Tiere werden, die dieses Verhalten erst beobachten und dann imitieren – ganz ähnlich wie sich auch laut der Soziologie Gabriel Tardes soziale Innovationen in der menschlichen Gesellschaft durch Wellen der Nachahmung ausbreiten.[65] Nicht nur Fluchtreaktionen, auch innovatives, kreatives Handeln breitet sich aus. So ist etwa nachgewiesen, dass Buckelwale ihre Gesänge von anderen Buckelwalen erlernen, diese gegebenenfalls weiterentwickeln und dann weitergeben.[66]

Und was die Tiere vormachen, das machen nicht selten die sie beobachtenden Menschen nach;[67] auch in diesem Sinn machen Tiere Geschichte. Nicht nur viele Heilpflanzen dürften durch die Beobachtung des Verhaltens erkrankter Tiere entdeckt worden sein. Auch jenseits der harten Notwendigkeiten des Lebens lernen die Menschen von den Tieren. So wurden die Gesänge der Buckelwale Teil der menschlichen Kultur, sie gehören heute zur Populärmusik ebenso wie zur avanciertesten E-Musik.[68]

Auch die Tiere versuchen auf ihre Weise, wenn auch sicher nicht methodisch, uns zu verstehen. Ein Wolf oder ein Fuchs oder ein Reh, dem in angstfreier Umgebung die Möglichkeit gegeben wird, mit Menschen zusammenzuleben, versteht seine menschliche Bezugsperson nach einiger Zeit. Das Tier erkennt die Absichten und oft auch bestimmte Gefühle des Menschen. Es sieht den Menschen wohl meist als Artgenossen an.

So wie Menschen in Bezug auf die Tiere nur allzu leicht anthropomorph denken, so denken die Tiere in Bezug auf den Menschen zoomorph. Der gezähmte Wolf sieht im Menschen den Leitwolf, dem er sich unterordnet, der mit Menschen lebende Rehbock sieht in ihm einen anderen Rehbock, mit dem er sich messen will.[69]

Unter normalen Umständen aber ziehen Wildtiere es vor, den Menschen möglichst aus dem Weg zu gehen. Sie wissen, dass Menschen für sie eine *Gefahr* darstellen, und das reicht ihnen. Wenn sie unvermutet auf einen Menschen treffen, dann fliehen sie. Die Angst ist die Summe dessen, was die meisten Wildtiere von den Menschen erkannt haben. Ihr Verständnis von uns zeigt sich in ihrer Flucht.

Phänomenologie der Angst

Wer Angst hat, hat Bewusstsein, denn indem ich mich ängstige, weiß ich, dass es um mich selbst geht, dass ich hier und jetzt bedroht bin. Es ist ein wenig komfortables Bewusstsein, das mit der Angst einhergeht, man möchte sich verkriechen, in einen anderen hineinkriechen, sich auflösen. Angst ist eine Krise, sie stellt uns vor eine Entscheidung, legt uns Handlungen nahe: wegzulaufen – oder im Gegenteil stehenzubleiben zum Kampf oder um Hilfe zu rufen, sich anzuklammern an einen anderen, sich hinter ihm zu ducken usw. Das alles steht einem zugleich vor Augen, oft verbunden mit intensiven Bildern der Gefahr, die näher rückt.

Wir alle kennen und erkennen Angst. Es gibt kaum etwas, das sich schwerer verbergen lässt. Nur selten sind wir dankbar für die Angst, meist halten wir sie für lästig, ja für krankhaft, einen Grund, den Psychologen aufzusuchen, hindert sie uns doch an unserer Selbstentfaltung, an der Entfaltung unserer Leistungskraft. Sie scheint uns irgendein atavistischer Überrest zu sein, und den meisten ist es peinlich, Angst zu gestehen. In der stark verdünnten Form der Sorge freilich begleitet sie jeden von uns täglich.

Doch Angst ist nicht nur eine subjektive Regung, sie ist in der Koexistenz der Menschen ein wichtiger Faktor, viele historische Ereignisse können wir ohne den Faktor Angst nicht verstehen. Herrschaft ohne Angst ist schwer denkbar. Es ist daher kein Zufall, dass die erste klare Definition der Angst in unserer westlichen Tradition innerhalb der Politikwissenschaft vorgenommen wurde, nämlich in der *Rhetorik* des Aristoteles. Aristoteles hat im fünften Kapitel des zweiten Buches seiner *Rhetorik* nicht nur die Angst definiert und die typischen Angstanlässe aufgezählt, er hat auch betont, dass der *phobos* die Menschen zur Beratung zusammentreibt, also im Anfang jeder politischen Betätigung steht. Seither spielt die Angst in vielen politischen Theorien eine zentrale Rolle, man denke an Thomas Hobbes. Und natürlich hat sie bis heute ihren festen Platz in der politischen Praxis!

Bekanntlich hat die phänomenologische Existenzphilosophie des 20. Jahrhunderts die Angst zu ihrem Ausgangspunkt gemacht. Von der Angst geht die phänomenologische Existenzphilosophie aus, weil diese eine tiefere, elementarere Form von Subjektivität zum Vorschein bringe, als es die Analyse intellektueller Operationen wie Zweifeln oder Urteilen vermag. In der Präzision der Beschreibung ist die phänomenologische Literatur bis heute nie übertroffen worden. Und es wird sich zeigen, dass sich gerade von den sehr sorgfältig beschreibenden, wenn auch nicht experimentierenden Phänomenologen lehrreiche Verbindungen zu moderner biologischer und neurobiologischer Forschung zur Angst herstellen lassen.

Bei der Angst setzt schon Søren Kierkegaard in seiner theologisch-philosophischen Schrift *Der Begriff Angst* an. An ihn und zugleich an Aristoteles knüpft in *Sein und Zeit* Martin Heidegger an. Heidegger verlässt den theologischen Kontext, in dem Kierkegaard operiert, ihm geht es darum, die Angst als Grundbefindlichkeit des Menschen herauszuarbeiten. Heidegger untersucht zunächst die Furcht. Er fragt: »Was gehört zum Furchtbaren als solchem, das im Fürchten begegnet?«[70] Das Furchtbare habe, so Heidegger, der damit eine aristotelische Definition aufgreift, den Charakter des Nahenden, das Drohende ist noch nicht da, aber es kommt heran, es zielt auf einen, die Gegend, aus der es kommt, ist nicht geheuer.[71] Furcht ist für ihn ein Modus der Befindlichkeit, die das gesamte Sein durchströmt. Sie erschließt die Welt, indem sie nur auf das Bedrohliche fokussiert, auf das »Wovor« der Furcht. Von ihm unterscheidet Heidegger das »Worum«; dieses sei immer das Dasein selbst, also der

Mensch – auch dann, wenn man sich »um Haus und Hof« fürchtet[72], denn in Haus und Hof ist der sorgende Mensch als »In-der-Welt-sein« ja gewissermaßen investiert.

In seine bedeutende Hermeneutik der Furcht schließt Heidegger auch verwandte Phänomene ein. Wo etwas Bedrohliches den Charakter des ganz und gar Unvertrauten annimmt, da wird die Furcht zum Grauen. Etwas Erschreckendes und Grauenhaftes, das plötzlich da ist, steigert die Furcht zum Entsetzen.[73] Weitere Abwandlungen der Furcht zählt Heidegger dagegen nur mehr auf, ohne sie zu analysieren: die Schüchternheit, die Scheu, die Bangigkeit, das Stutzigwerden.[74]

Anders als Aristoteles unterscheidet Heidegger die Furcht nicht vom Mut, sondern, und hierin folgt er Kierkegaard, von der Angst.[75] Heidegger will zeigen, dass die Angst mehr ist als die Furcht, denn erst die Angst bringt den Menschen vor sich selbst. Das »Wovor« der Angst ist nach ihm nicht dieses oder jenes Bedrohliche, sondern »die Welt als solche«.[76] Deshalb stellt die Angst den Menschen »vor sein *Freisein für*«[77], und nur in der Angst »liegt die Möglichkeit eines ausgezeichneten Erschließens, weil sie vereinzelt«. Diese Vereinzelung kann man auch so auffassen, dass wir uns in der Angst ungeborgen und verlassen fühlen. In der Angst, so betont er, merke ich, dass es um mich selber geht: »Die Angst vereinzelt und erschließt so das Dasein [Heideggers Wort für den Menschen] als ›solus ipse‹.«[78] Von hier aus erscheint nun die Furcht als ein milderer Modus der Angst, oder wie Heidegger schreibt: »Furcht ist an die ›Welt‹ verfallene, uneigentliche und ihr selbst als solche verborgene Angst.«[79]

Man kann das so auslegen, dass Furcht und Angst bei Heidegger durchaus verwandte Phänomene sind – er deutet die Furcht als eine Art Schwundform der Angst.

Diese Ideen Heideggers wurden von dem Phänomenologen und Subjektivitätstheoretiker Hermann Schmitz weiterentwickelt. Schmitz bemüht sich um eine möglichst ausführliche deskriptive Analyse der Angst, die aber, und darin geht er über Heidegger hinaus, auf den leiblichen Zustand fokussiert.

Zunächst sichtet Schmitz Angstbeschreibungen und analysiert, was diese verbindet. So seien typische Situationen gesteigerter Angst das Angefasst- und Festgehaltenwerden durch einen Unbekannten oder mehr noch – durch etwas Unbekanntes, in dunkler oder nebliger Gegend, in der rasche Flucht erschwert oder unmöglich ist. Schon das gehörte oder vielleicht in einem Schatten gesehene Näherkommen von etwas oder jemandem kann die Angst auf die Spitze treiben, wie die Regisseure von Horrorfilmen nur allzu gut wissen. So erweist sich Angst nach Schmitz »als gehindertes ›Weg!‹: als ein Impuls zu entkommen, der gleichsam abprallt«.[80]

Stärker als bei Heidegger wird hier der Bezug zur *Flucht* betont, der aller Angst innewohnt. Gegenüber Heidegger ist Schmitz' phänomenologische Analyse meiner Ansicht nach ein Fortschritt, denn zum einen hat Heidegger zwar das Wovor und das Worum der Angst und der Furcht sehr treffend verdeutlicht, aber dem leiblichen Zustand, in den sie uns versetzt, kaum Beachtung geschenkt. Bereits Aristoteles, dessen Definition des *phobos* in der Rhetorik von Heidegger umfangreich verwendet wurde, hatte vor allem Angst*anlässe* aufgezählt, aber den unverwechselbaren körperlichen Zustand, in den wir durch die Angst versetzt werden, nur mit dem allgemeinen Wort *lýpe*, Leid, Kummer, charakterisiert.

Zum anderen verdeutlicht Schmitz, warum wir in der Angst eine besondere Erfahrung unserer selbst machen; und er greift damit ein wichtiges philosophisches Motiv Heideggers auf, präzisiert es aber zugleich. *Wie* bringt uns die Angst vor uns selbst? Wir erleben uns in der Angst weitaus dichter, auch weitaus ausgesetzter als in den Situationen der alltäglichen Sorge. Schmitz kennzeichnet den Zustand, in den uns intensive Angst versetzt, als *primitive* Gegenwart, der er die *entfaltete* Gegenwart entgegensetzt. Im Zustand dieser entfalteten Gegenwart haben wir als Subjekte eine höhere Souveränität, können das Bedrohliche mustern, es relativieren, Maßnahmen zu seiner Bekämpfung starten. Befinden wir uns hingegen in primitiver Gegenwart, dann schmelzen diese begrifflichen Dimensionen, werden im Herzklopfen zersprengt. In diesem Sinn bringt uns die Angst vor uns selbst.

Schmitz schreibt: »Die Gewalt der Angst läßt dem Betroffenen [...] nicht den Spielraum, der ihm gestatten würde, sich von dem Unterschied der Angstanlässe deutliche Rechenschaft zu geben, sondern schnürt sein Bewußtsein gleichsam zu einem primitiven Urerlebnis zusammen, das sich zwar gemäß den verschiedenen Angstanlässen und -reaktionen differenziert, aber im Kern dessen, was es präsentiert, einfach und gleichförmig bleibt. Je intensiver die Angst wird, desto weniger bedeuten für das ›Weg!‹ Raum, Zeit und Umstände in ihrer Eigenart.«[81] Und weiter: »Bei panischer Angst geht das eigene Selbst als gesondertes, das gleichsam über dem Platz in Raum und Zeit steht, verloren und wird bis zur Identität mit dem Hier und Jetzt in primitiver Gegenwart verschmolzen [...] Nur deswegen brennt uns in der Angst die Gegenwart unter den Fersen, weil wir selbst hier und jetzt sind, ohne daß bei hinlänglicher Macht der Angst das Hier, Jetzt und Ich noch geschieden wären.«[82] Bei der bloßen Furcht hingegen bleibt laut Schmitz noch Spielraum für besonnene Überlegung und Handeln. Ähnlich haben auch andere Phänomenologen, etwa Hans Lipps, die Angst von der Furcht unterschieden.[83]

Wir haben gesehen, dass in der phänomenologischen Tradition die Furcht oft deutlich von der Angst unterschieden wird. Doch die Trennung der Angst von der Furcht, die Kierkegaard, dann Heidegger und in seiner Nachfolge andere vorgenommen haben,[84] ist ein wenig künstlich. Der Sprachforscher Mario Wandruszka hat darauf hingewiesen, dass man im Deutschen bei vielen Anlässen *sowohl* von Angst wie auch von Furcht sprechen könne. Angst sei eine spezielle Perspektive auf das, was der allgemeinere Begriff Furcht bezeichne, indem nämlich eher der leiblich-seelische Zustand als solcher betont würde und weniger der Anlass, die Gefahr, vor der man fliehen will. Oft werde Angst auch als Steigerung der Furcht angesehen.[85] Und Angst ohne Anlass, ohne Gefahr, ohne etwas Angsteinjagendes, das wenigstens irgendwie als Bild vorschwebt, ist eher selten.

Für Schmitz wie zuvor schon für Heidegger ist die Angst eine recht elementare Form des Selbstbewusstseins und der Subjektivität. Wichtig ist aber auch, dass Schmitz Angst und Fluchtimpuls zusammendenkt. Dass dies ein sinnvoller Ansatz ist, zeigt sich auch dann, wenn man sich fragt, wie man Angst minimieren kann. Schmitz geht auf drei Formen der Angstersparung ein: die agierende – bei der die Angst etwa im Wegrennen abgebaut wird, die immobilisierende – bei der die absolute Bewegungslosigkeit gesucht wird – und schließlich »das Anklammern an einen anderen«, bei dem man sich von sich selbst zu entlasten versucht, indem man sich festhält, ja bisweilen in den anderen am liebsten hineinkriechen möchte.[86]

Schmitz' nüchterne, das Motorische der Angst betonende Analyse bietet eine Brücke von der Phänomenologie des subjektiven Erlebens zur Biologie und Ökologie des Menschen und der Tiere. Denn wenn es richtig ist, dass wir in der Angst in Formen primitiver Gegenwart abgleiten, die uns elementar mit uns selbst konfrontieren, dann dürfen wir mit einer gewissen Wahrscheinlichkeit davon ausgehen, dass Tiere, die mit uns verwandt sind, ähnlich empfinden.

Physiologisch sind Angst – wie Walter B. Cannon in seinen klassisch gewordenen Untersuchungen über *Körperliche Veränderungen bei Schmerz, Hunger, Furcht und Wut* schon 1929 gezeigt hat – wie auch Wut dadurch gekennzeichnet, dass der Körper in höchste Bereitschaft gebracht wird. Er mobilisiert Reserven, von denen man zuvor nicht wusste.[87] Angst schafft Energie. Es ist bekannt, dass Angst für eine gewisse Zeit Riesenkräfte verleihen kann und den Körper zu ungeahnten Höchstleistungen befähigt:[88] »die Angst ist ein Fieber, hervorgerufen durch die innerkörperliche Erregung höchster Fluchtbereitschaft«.[89] Sie kann sich paradox mit der Wut verbinden oder in diese umschlagen, die ihrerseits den Körper in höchste Kampfbereitschaft versetzt.[90] Die Angst ist also biologisch funktional. Neuere neurophysiologische Untersuchungen, die an Tieren vorgenommen wurden, zeigen, dass die Angst insbesondere mit Aktivitäten in subkortikalen, stammesgeschichtlich alten Hirnarealen korreliert ist, die Menschen mit Tieren teilen.[91] Das Verhalten, das die Angst nahelegt, das sie uns vielmehr *einjagt*, ist bei Menschen wie bei Tieren ähnlich: das Ausweichen, das Wegschauen, das Senken des Blicks, das Fliehen oder das Sich-Anklammern an andere. Die Angst, die oft aufsteigt, ehe wir auch nur einen klaren Gedanken fassen können, ist zudem durch Überlegungen und Gespräche wenig beeinflussbar. Auch dies spricht dafür, dass es sich um eine ganz alte evolutionäre Einrichtung handelt, die wir mit den Tieren teilen.

Ökologie der Angst

Tiere haben Angst wie wir,[92] und wir können ihre Angst verstehend wahrnehmen. Zwar gibt es viele Unterschiede im Angsterleben von Mensch und Tier und auch im Angsterleben der unterschiedlichen Tierarten und Tierindividuen. Aber elementare Angst empfinden Tiere wie wir, vielleicht sogar intensiver, weil sie sich von ihren Emotionen viel weniger distanzieren können; die amerikanische Tierforscherin Temple Grandin vermutet, dass Angst die stärkste Empfindung ist, die Tiere überhaupt kennen, stärker noch als Schmerz.[93] Wir können damit an die Thematisierung der Angst in der phänomenologischen Existenzphilosophie anschließen und als wichtige Ergänzung derselben eine biologische und speziell ökologische Analyse der Angst der Tiere vornehmen.

Nicht erst der Zoologe Heini Hediger, der sich seit den 1930er Jahren und bis in die 1990er mit der Angst der Tiere befasste, ist dabei zu nennen, denn bereits bei den Gründern der empirischen Tierpsychologie ist die Angst ein zentrales Thema. Instruktiv ist der Enzyklopädist Charles-

Georges Le Roy, der als Vater der modernen Ethologie bezeichnet wird. In seinen *Philosophischen Briefen über die Tiere*, die er vorsichtshalber unter Pseudonym veröffentlichte – er gab sich als »nürnberger Arzt« aus, weil er den Hass der Cartesianer fürchtete, die von einer Tierseele nichts wissen wollten – beschreibt er ausführlich das Verhalten des Wolfes. Und zwar einerseits des Wolfes, wie er sich in menschenleeren Gegenden gibt, und dann des Wolfes, der sich dort aufhält, wo Menschen unterwegs sind und ihn verfolgen. Le Roys Beschreibung ist in unserem Zusammenhang wichtig, weil er aus vielen Beobachtungen von Tieren in freier Wildbahn schöpft und dabei ein plastisches Bild von der Angst eines Tieres entstehen lässt. Er schreibt: »In unangebauten Gegenden, wo überdieß noch das Wild zahlreich ist, schränkt sich das Leben der Fleisch fressenden Thiere auf wenige, einfache und ziemlich einförmige Handlungen ein. Sie gehen wechselweise von einem ihnen leicht gewordenen Raube zum Schlafe über.«[94] Wo aber Menschen unterwegs sind, die ihrerseits in den Wäldern jagen und insbesondere auch Wölfe, sieht dies völlig anders aus. Hier wird das Wolfsleben von dauernder Angst bestimmt: »Sein von Natur freier und fester Tritt wird schüchtern und vorsichtsvoll, seine Neigungen werden durch die Furcht sehr oft unbefriedigt erhalten«.[95] Wittere der Wolf einen Menschen, »so stellt ihm sein Gedächtniß schon das Bild der Gefahr auf. Die lachendste Beute hat für ihn keinen Reiz, so lange sie diese fürchterliche Vorstellung im Gefolge hat.«[96] Ausdrücklich weist Le Roy darauf hin, dass diese Angst nichts den Tieren Angeborenes ist, sondern von den Wölfen aufgrund ihrer Verfolgung erlernt wurde: »Die Bewegung eines Blattes wird bei dem jungen Wolfe höchstens die Neugierde rege machen: allein der unterrichtete alte Wolf, der schon öfters bemerkte, daß das Bewegen der Blätter die Annäherung eines Menschen verkündigte, zittert bei diesem Geräusche, indem er die Aehnlichkeit dieser Erscheinungen beurtheilt.«[97] Die Angst ist es, die der ältere Wolf gelernt hat. Und wenn man weiß, wie intensiv der Wolf zu jener Zeit noch bejagt wurde, dass ganze Dörfer verschworene Wolfjagdgemeinschaften bildeten,[98] dann versteht man auch die Reaktion des Tieres.

Die entstehende Tierpsychologie im 19. Jahrhundert hat sich immer wieder auch mit der Angst beschäftigt; so widmete ihr etwa Carl Gustav Carus in seiner vergleichenden Tierpsychologie ebenso einige Absätze wie der französische Philosoph Alfred Espinas in seiner Tiersoziologie. Für den praktischen Umgang mit Tieren ist das Verständnis ihrer Angstanlässe von entscheidender Bedeutung; und die Zähmung von Hunden oder Pferden bestand ganz wesentlich darin, ihnen bestimmte Ängste, etwa vor Kanonenschüssen oder Gewehrschüssen, zu nehmen.

Systematische und empirisch sowie theoretisch innovative Untersuchungen zur Angst der Tiere hat dann im 20. Jahrhundert erst wieder, wie bereits mehrfach erwähnt, der Zoologe und Zoodirektor Heini Hediger publiziert.[99] Er blieb ein Außenseiter in seinem Fach und registrierte in seiner 1990 erschienenen Autobiografie rückblickend, wie immer mehr Forscher sich von der Tierpsychologie abwandten und der positivistischen Ethologie, der rein an äußerem Verhalten orientierten Forschung, zuwandten. Hediger zweifelte allerdings nicht daran, dass diese Entwicklung sich bald selbst korrigieren werde. In der Tat hat inzwischen eine deutliche Gegenbewegung eingesetzt.

Was lehrt Hediger über die Angst der Tiere? Die Angst zählt, so sagt er mit einem Ausdruck des Biologen Jakob von Uexküll, zum »Funktionskreis des Feindes«.[100] Auch im Schlafen sind die meisten wild lebenden Tiere in diesen Funktionskreis eingeklinkt, noch die Schlafstellungen sind Ausdruck immerwährender Sicherung,[101] wie Hediger betont: »Sowohl die Befriedigung des Ernährungs- wie des Geschlechtsbedürfnisses ist [...] aufschiebbar –

nicht aber die Flucht vor einem drohenden Feind. Und jedes Tier, selbst das größte und wehrhafteste, hat Feinde. Die Flucht muß daher, jedenfalls wenn wir die höhere Tierwelt betrachten, als das biologisch wichtigste Verhalten bezeichnet werden. Die Fluchtbereitschaft ist die erste Pflicht des Individuums zur Sicherung seiner eigenen Existenz und damit auch zur Erhaltung seiner Art. Entsprechend ist die ununterbrochene Wachsamkeit, das dauernde Sichern im Dienste der Feindvermeidung bei weitem die Hauptbeschäftigung des freilebenden Wildtieres.«[102] Diese biologische Überlegung passt zur Phänomenologie der Angst: dass diese unwillkürlich auftritt, oft vorbei an allen rationalen Überlegungen und dass sie in ihrer Zeitlichkeit dem Schmerz ähnelt, der auch sofort da ist und sich ebenfalls nur wenig durch Gedanken beeinflussen lässt. Umgekehrt beeinflusst die Angst ihrerseits die kognitiven Prozesse.[103] Trotz allem ist die Angst, wie die Alltagserfahrung zeigt, durch Erfahrungen formbar. Wir können die Angst vor bestimmten Objekten verlernen, und ebenso können wir es erlernen, bei bestimmten Gelegenheiten Angst zu empfinden. Bei Tieren ist das ebenso.

Angst kann ein Tier vor anderen Tieren der gleichen Art haben, was insbesondere bei Tieren, die in Gruppen oder Herden zusammenleben, wichtig ist. Thorleif Schjelderup-Ebbe hat dies in seiner Dissertation über die »Hackordnung« oder das »Hacksystem« der Hühner erstmals herausgearbeitet: »Wenn man glaubt«, so schreibt er, »daß man die Einwohner eines Hühnerhofes treffend als gedankenlose, frohe Wesen bezeichnen kann, für die das tägliche Leben eine ungemischte Freude ist und die in Frieden mit einander und unbesorgt um die ganze Welt krähen, legen und fressen, dann ist man auf dem Holzwege. Ein tiefer Ernst liegt über dem Hühnerhof und die Hennen haben viel Kummer, viel Ärger und Angst auszustehen.«[104] Die Hennen leben in steter Kampfbereitschaft; schnell bilden sich Hierarchien auf dem Hühnerhof, eben die berühmte Hackordnung. Es gibt anstelle der Angst vor Artgenossen, die besonders in eingepferchten Situationen manifest wird, im Freiland eher die Angst vor Tieren anderer Art, vor Feinden. Diese ist biologisch noch bedeutsamer.

Sie prägt sich sogar körperlich aus, in bestimmten Sinnesorganen, die einzig und allein den Zweck haben, den Feind wahrzunehmen, und in Fluchtorganen, wie etwa den Hinterbeinen des Kängurus, die eine hüpfende Flucht im Zickzack erlauben: Der Druck der Angst, der Zwang zur Fluchtbereitschaft formt, so schreibt Hediger, die Anatomie der Tiere bis ins Einzelne: »der tierliche Körper [ist] im wesentlichen wie im einzelnen Ausdruck dieser Situation, dieser Angst oder Fluchtsituation. Aus ihr, durch sie wird der Tierkörper gestaltet und bis ins letzte geformt, der Fisch ebenso wie der Vogel oder das Känguruh.«[105] Freilich gilt dies nicht allgemein, sondern vor allem für spezifische Beutetiere. Oft ist die Konstruktion des Körperbaus eines potenziellen Beutetieres auf die Eigenschaften eines ganz bestimmten Hauptfeindes abgestimmt,[106] ganz ähnlich, wie die Blüte in ihren Farben und ihrem Duft auf die Eigenschaften und Sinnesorgane ihrer Hauptbestäuber hin konstruiert ist. So erwähnt von Uexküll in seiner Bedeutungslehre das Beispiel eines Nachtfalters, der für alle Geräusche taub ist, mit einer Ausnahme, nämlich dem feinen und hohen Ortungsruf seines Jägers, der Fledermaus.[107]

Sehr viele Wildtiere haben eine unauffällige Färbung, die der Tarnung dient. Nur gezähmte Nutztiere, die unter der schützenden Obhut der Menschen leben, entwickeln auffallende Färbungen und Flecken; in der Natur kommt dergleichen nicht vor, weil ein geschecktes oder gar weißes Fell das einzelne Tier für seine Feinde auffälliger macht.

Auch die Beziehung der Tiere zum Raum wird wesentlich durch die Feind- und damit die Angstvermeidung geprägt. Die Tiere versuchen, der Gefahr aus dem Weg zu gehen. Deshalb verlegen sie ihre Wohnorte nach Möglichkeit dorthin, wo sie sich vor ihren Feinden halbwegs sicher fühlen: Sie graben Höhlen, klettern auf Bäume und bauen sich Nester. Sie können ihre Aktivität auf die Nacht verlegen und tun das auch. Hediger sprach in diesem Zusammenhang vom »Psychotop«.[108] Es ist besonders dieser Aspekt, der in den neuen Ansätzen einer *ecology of fear* untersucht wird.[109]

Die Angst der Tiere lässt sich nicht nur verstehend erkennen, sie lässt sich auch messen: Alle wildlebenden Tiere haben charakteristische Fluchtdistanzen. Hediger stellte fest, dass es für wildlebende Tierarten einen in gleicher Situation immer gleichen Abstand gibt, bei dessen Überschreitung sie vor einem wahrgenommenen Feind fliehen. Es ist verständlich, dass diese Distanz von der erspürten Gefahr abhängt, die von dem Feind ausgeht. Die Fluchtdistanz ist keine mechanische Größe, sondern abhängig von Lernerfahrungen.

Die Angst der Wildtiere – selbst vieler Raubtiere vor anderen Raubtieren – ist ein universelles Phänomen, das für die Ökologie insbesondere deshalb interessant ist, weil Tiere bestimmte Raumnutzungsstrategien entwickeln, sich also im Raum auf spezielle Weise und zu besonderen Zeiten bewegen, um ihren Angstquellen aus dem Weg zu gehen. Angst wirkt sich auch auf Ernährungsstrategien aus; es wurde sogar die Vermutung geäußert, dass das Wiederkäuen eine Technik der Feindvermeidung sei, weil die riskante Nahrungsaufnahme beschleunigt erfolgen kann, indem einfach viel Nahrung rasch im Vormagen eingesammelt wird, ohne dass mit dem Kauen Zeit verlorengeht. Die Zerkleinerung erfolgt später im Schutz der Deckung.[110]

Kennen *alle* Tiere Angst? Dem physiologischen Argument dafür sei noch ein philosophisches hinzugefügt. Wenn man davon ausgeht, dass Tiere Subjektivität haben, also ein Gefühl für ihren eigenen Zustand, dann dürfte Angst ähnlich bedeutsam sein wie Hunger, Durst und Schmerz. Und vielleicht sogar wichtiger: denn Hunger kann man eine Weile aufschieben, um Schmerzen muss man sich nicht unbedingt kümmern, doch wenn ein Lebewesen bedroht wird, dann muss es *sofort* alle Reserven mobilisieren. Angst muss daher, ähnlich wie Schmerz, vor allem schnell und unwillkürlich aufsteigen und handlungsbestimmend werden, sie muss am langsamen Intellekt vorbei die Herrschaft im Bewusstsein übernehmen, wenn sie ihren Zweck, das Lebewesen vor einer Gefahr zu retten, erfüllen soll. Für den Philosophen Hans Jonas ist das Sein in der Furcht geradezu konstituierend für die Tiere: »Das dem Tiersein eingeborene Leiden ist […] primär nicht das des Schmerzes (welcher gelegentlich und begleitend ist), sondern das des Mangels und der Furcht.«[111] Gerade die Angst unterscheide die Tiere von den Pflanzen, denn bewegliches Dasein »ist voll von Unruhe und Angst: Nichts davon hat das Pflanzenleben«.[112] Für eine Pflanze, so können wir ergänzen, wäre es nicht sinnvoll, Furcht zu haben, denn sie kann nicht fliehen. Im Grunde findet sich das Argument von Hans Jonas schon bei Martin Heidegger, hatte dieser doch in seiner Analyse der Furcht bereits festgehalten: »Nur Seiendes, dem es in seinem Sein um dieses selbst geht, kann sich fürchten.«[113]

Die Angst der Tiere vor den Menschen

Das Anthropozän, das Erdzeitalter des Menschen, ist, wie die französischen Wissenschaftsphilosophen Christophe Bonneuil und Jean-Baptiste Fressoz betont haben,[114] ein Thanatozän, ein Zeitalter des Todes und des Tötens, nicht nur der Menschen untereinander, sondern insbesondere auch der Tiere durch den Menschen. Und dieses Thanatozän ist zugleich, wie wir in der Perspektive einer Ökologie von innen sagen können, ein Phobozän, ein Zeitalter der Angst. Denn das Töten ist nicht nur die neutrale Reduktion der Zahl einer Population, es verbreitet, weil es sichtbar und hörbar ist, weil die Tiere es riechen können, Schrecken unter den Überlebenden. Dieser Schrecken senkt sich in die Gedärme und in die Knochen, er bleibt stecken wie ein Stachel und verändert das Leben der Überlebenden. Denn der Augenblick des Überlebens – das getroffene Tier stürzt, die anderen rennen oder fliegen davon – ist nur selten »der Augenblick der Macht«,[115] wie Elias Cannetti glaubte. Viel häufiger gilt: Wer der Attacke entkam, bleibt Gefangener der Angst. Ein Angriff, der es auf das Leben absah, zeichnet auch die, die davonkamen. Nicht nur in den Stunden danach, wenn die Knie zittern und die ganze Kreatur unter Schock steht. Ein schockierender Eindruck prägt sich ein, der künftig Auslöser für Angst und angstbestimmtes Verhalten werden kann. Überleben lässt nicht stolz aufblühen, Überleben ist ein Bruch, das Leben ist von nun an anders. Tief gräbt sich der Schrecken ein, immer wieder tauchen die Bilder des Geschehens auf, der Überlebende duckt sich, hungert lieber, als sich aus der Deckung zu begeben. Die Überlebenden wissen, dass es schon morgen sie selbst treffen kann. Sie wissen nun, dass sie verfolgt werden. Die Tiere werden ihre Wachsamkeit erhöhen, sie werden schlecht schlafen, das schreckenerregende Bild wird ihnen oft in den Sinn kommen, sie werden den Ort des Tötens weiträumig meiden und vielleicht auch weitere Orte, die ähnlich aussehen. Und sie werden die Menschen meiden. Für sehr viele Tiere sind Menschen das Furchtbarste überhaupt; aufgrund jahrhunderte-, wenn nicht jahrtausendelanger Verfolgung ist dies auch nicht verwunderlich. In vielen Verhaltensweisen, die uns so normal vorkommen, dass wir sie gar nicht weiter beachten, kommt die Angst der Tiere zum Ausdruck. So schildert die Zoologin Ellen Thaler, dass die Spatzen, die sie auf ihrer bepflanzten Terrasse regelmäßig füttert, immer höchst umständlich, stets gedeckt von Zweigen, zu ihrer Futterstelle kommen, statt diese frei anzufliegen. Sie nutzen jede Deckung, und zwar immer so, wie Thaler feststellt, dass der Blickkontakt mit der Forscherin, die die Szene vom Wohnzimmer aus beobachtet, minimiert wird: »Augenkontakt bedeutet Todesgefahr!«[116] *Wer erblickt wird, ist entdeckt.* Wie furchtbar müssen die aufmerksamen Augen der Zoologin auf die kleinen Vögel wirken.

Als schreckenerregend und unheimlich imponierte der Mensch schon im berühmten Chorlied der *Antigone*, in dem er mit Blick auf seine technische Macht über die Natur *deinós* – entsetzlich, ungeheuer – genannt wird. Doch erst mit der europäischen Expansion seit der Entdeckung Amerikas ist die technisch hochgerüstete menschliche Aggression zu einem globalen Phänomen geworden. Die rücksichtslose Eroberungstechnik, die bei der *Conquista* angewandt wurde,[117] das dabei leitende Gewinnstreben und das Eldorado-Denken haben im Bereich des Krieges gegen die Natur einige Parallelen.

Im Kontext des Kolonialismus wurden die effizienten europäischen Feuerwaffen, Netze und Fallen auf alle Kontinente exportiert und drangen überall bis ins Innerste vor. Sie leiteten eine neue Epoche in der Geschichte der Ausrottungen ein. Militärische Innovationen wurden dabei vielfach rasch in den Jagdbereich übertragen. 1864 montierte der Norweger Svend Foyn die von ihm entwickelte Kanonenharpune auf ein Boot und ging damit erstmals auf Walfang. Diese Harpune verfügte über einen Sprengkopf, sie hatte Widerhaken, die konzentrierte Schwefelsäure freisetzen konnte und wurde mit einer Kanone auf das Tier abgefeuert. Damit setzte man im Krieg gegen die Tierwelt erstmals nicht mehr nur Gift, Giftgase, Wurf- und Schneidwaffen, Fallen und Gewehre ein, sondern auch Artillerie. So wurde es erstmals möglich, auch das größte Tier, das je auf Erden existierte, den Blauwal, erfolgreich zu jagen. Dieser konnte, wie auch die übrigen Furchenwale, zuvor nicht effektiv bejagt werden, weil er zum einen zu schnell war, zum anderen, weil er zu rasch sank, wenn er doch einmal erlegt werden konnte. Mit der Kanonenharpune, die im Körper des Wales explodierte, war ein neues, effizientes Tötungsinstrument ersonnen worden, das den Beginn der modernen Walfang-Ära einläutete. Weitere technische Verbesserungen an den Schiffen und die Technik, erlegte Wale mit Pressluft aufzupumpen, um ihr Absinken zu verhindern, entfesselten bald eine Vernichtung ohnegleichen. Mitte des letzten Jahrhunderts war der Blauwal, ebenso wie viele andere Walarten, nahezu ausgerottet.

Auch der vollsynthetische Explosivstoff Nitroglyzerin, bei dem die reagierenden Komponenten nicht im Gemisch nebeneinanderliegen, sondern in einem Molekül chemisch gebunden sind, wurde und wird vielerorts für die Jagd auf Meeresgetier eingesetzt. Diese Art der Fischerei scheint im Ersten Weltkrieg erfunden worden zu sein und verbreitete sich rasch über den ganzen Planeten. Im Mittelmeer sorgte die Dynamitfischerei für eine bis in die Gegenwart spürbare Schädigung der Meeresfauna. Heute ist sie vor allem in Südostasien und Afrika verbreitet, weil sie kostengünstig, eindrucksvoll und kurzfristig effizient ist. Ökologisch freilich ist sie verheerend, weil viel mehr Fische und andere Lebewesen geschädigt oder getötet werden, als später verzehrt werden können. Hinzu kommt die Zerstörung der Lebensräume, die nach dem Dynamiteinsatz einer submarinen Trümmerwüste gleichen. »Wir rotten aus. Nach uns die Leere«, schreibt Werner Helwig in seinem fiktiven, aber treffenden ›Glaubensbekenntnis‹ der Dynamitfischer.[118]

Mit Schusswaffen, Explosivstoffen und anderen Thanato-Technologien wurde und wird nahezu überall auf der Welt Jagd auf Tiere gemacht, Krieg gegen sie geführt, ob sie nun fliegen, schwimmen, krabbeln oder springen.

Die Aggression der Menschen gegen die nichtmenschlichen Lebewesen auf diesem Planeten hat viele Facetten und nimmt insgesamt den Charakter eines Syndroms an. Bisweilen ist diese Aggression ungezielt: Große Zahlen von Tieren werden heute gewissermaßen als Kollateralschäden getötet, unabsichtlich auf Straßen im Rahmen des weltweiten *roadkill*, dem allein in den USA jährlich zwischen 89 und 340 Millionen Vögel zum Opfer fallen,[119] oder infolge von Landnutzung, von Gewässerverschmutzung, Ölkatastrophen usw.

Es gibt jedoch neben dieser indirekten Gewalt in sehr beträchtlichem Umfang auch gezieltes aggressives und destruktives Handeln von Menschen gegen die Natur. Schon das Roden von Bäumen zählt dazu. Es ist keineswegs eine friedliche Tat des Urbarmachens einer Gegend, weil mit dem gefällten Baum der Lebensraum ungezählter weiterer Pflanzen und Tiere untergeht. In Brasilien, dessen Urwaldfläche jeden Tag verringert wird, werden die gefällten und angetrockneten Bäume nicht einmal genutzt, sondern angezündet, um Platz zu schaffen, etwa für Sojaplantagen, mit deren Ernte anschließend Geflügel, Vieh oder Schweine gefüttert werden. Mehr als die Hälfte der landwirtschaftlich genutzten Fläche wird für den Anbau von Tierfuttermitteln genutzt. Seit dem ersten Holz, das der portugiesische Kapitän Cabral im Jahr 1500 in der Nähe des heutigen Porto Seguro fällen ließ, um ein Kreuz daraus zu zimmern, hat jeder neue Zyklus der Landnahme und Landnutzung die brasilianische Natur weiter dezimiert, denn die Nutzung des Landes für Viehzucht oder den Anbau von Kaffee, Zuckerrohr oder Soja setzt seine Entwaldung voraus. Dabei ging (und geht) man nicht zimperlich vor, wie der Umwelthistoriker Warren Dean zeigte.[120] Einzelne Bäume wurden so ausgewählt und gefällt, dass sie durch ihr Gewicht andere mitrissen. Das löste einen Dominoeffekt aus:[121] Der Krach der zusammenbrechenden Waldmassen war oft kilometerweit zu hören. Anschließend überließ man die sterbende Vegetation und die in ihrer Mitte verendenden Tiere der Sonnenhitze und fackelte das Holz ab, sobald es trocken genug war. Auf diese Weise werden auch heute noch riesige Farmen regelrecht aus dem Urwald gebrannt, bisweilen nur um Steuern zu sparen.[122]

Gern hat man Explosivstoffe verwandt, um menschlicher Expansion Platz zu schaffen; im 19. Jahrhundert wurde von der US-amerikanischen Firma DuPont mehr Schwarzpulver für die Eroberung, Umgestaltung und Ausbeutung des amerikanischen Westens produziert als für Kriege.[123]

Es ist ein Kampf, in dem sich die Menschen mit der Natur befinden. Schon der Romantiker Adam Müller hat dies in seiner 1809 publizierten

Staatsphilosophie deutlich, wenn auch ohne kritische Absicht, festgestellt: »Mit diesem Planeten ist das menschliche Geschlecht in [sic!] Kampf: es sucht ihm abzugewinnen, was es nur vermag; es sucht ihn zu zähmen und alle seine Erzeugnisse, alle seine Kräfte in das Interesse der bürgerlichen Gesellschaft hineinzuziehen.«[124] Dieser Kampf wird, so Müller, im Laufe der Zeit immer intensiver, und die »Erzählung von diesem Kriege aller Kriege, diesem Kriege des menschlichen Geschlechtes mit der Erde, nennen wir Weltgeschichte«.[125] Der Staat selbst hat nach Müller seine Daseinsberechtigung allein daher, dass er es gestattet, den Krieg gegen die Erde wirksamer zu führen.[126]

In der Tat hat die Bildung organisierter, staatlicher Kollektive die Wirksamkeit menschlicher Aggression gegen die Natur vertieft. Zum anderen verstärkten die Technisierung und die Erschließung fossiler Energiequellen die Macht der Menschen gegen die Erde. Militärische Erfindungen, die man zur Bekämpfung von Feinden einsetzte, wurden und werden, gegebenenfalls mit leichten Abwandlungen, auch gegen nichtmenschliche Organismen, gegen Tiere und Pflanzen eingesetzt – und umgekehrt.

Die wirksamste Waffe des Menschen ist das Feuer, das sowohl im Krieg wie auch zur Vernichtung von nichtmenschlichem Leben eingesetzt wird. Auch die verdichteten Feuer, die Explosivstoffe und die mit ihnen verbundenen Maschinen dienten und dienen sowohl dem Kampf der Menschen untereinander als auch dem Kampf gegen die Natur. Feuerwaffen sorgten seit dem späten 18. Jahrhundert weltweit für eine drastische Dezimierung der Populationen vieler größerer Wirbeltiere zu Land, in der Luft und zu Wasser. Diese Waffen sind zum einen effizientere Tötungsinstrumente. Sie töten zudem ostentativ, mit Blitz und Donner und verbreiten Schrecken unter den Überlebenden. Sie sind eine Machtdemonstration. »Ich weiß«, so zitiert Alexander von Humboldt in seiner Reisebeschreibung einen Indianer, dem er am oberen Orinoco begegnete, »dass die Weißen das Geheimnis besitzen, Seife zu bereiten und jenes schwarze Pulver, welches den Nachteil hat, Lärm zu machen und die Tiere zu verscheuchen, wenn man sie verfehlt. Das Curare, welches wir vom Vater auf den Sohn zu bereiten verstehen, ist weit besser als alles, was ihr dort (jenseits der Meere) herzustellen versteht. Es ist der Saft einer Pflanze, die ganz leise tötet (ohne dass man weiß, woher der Schuss gekommen ist).«[127]

Schlägt man einen beliebigen Band von *Brehms Illustriertem Thierleben* auf, dann findet man bei sehr vielen der behandelten Tierarten die fast schon stereotype Bemerkung, dass ihr größter Feind der Mensch sei. So häufig sind die Anmerkungen zu gezielten Tötungsprogrammen, die auch ganz kleinen Tieren galten (etwa dem Hamster[128]), dass dieses Werk eigentlich Brehms Illustriertes Thiersterben heißen müsste.

Die Ausrottung sogenannter Raubtiere galt im 19. Jahrhundert als zivilisatorische Mission, als Wohltat, die die europäischen Kolonialherren den kolonialisierten Völkern in Afrika, Südostasien, Australien und Amerika angedeihen ließen. Innerhalb weniger Jahrzehnte wurden mithilfe von Feuerwaffen die Löwen in ganz Nordafrika vernichtet, der Berberlöwe wurde in freier Wildbahn ausgerottet; den Tigern in Südostasien erging es ebenso. Aber auch harmlose Pflanzenfresser verfolgte man rücksichtslos wie in einem Blutrausch; der amerikanische Bison ist das berühmteste, aber nicht das einzige Beispiel.[129]

Die Jagd mit Feuerwaffen war so erregend für die Jäger, dass sie geradezu eine Sucht werden konnte, wie Alfred Brehm am Beispiel der arabischen Löwenjäger in Nordafrika zeigt, die, kaum hatten sie ein Tier erlegt, von der Fangprämie, welche die Kolonialherren ausbezahlten, sogleich neues *Pulver* kauften, das sie dann so lange verschossen, bis nichts mehr übrig war. Pulver wurde zum Synonym für Macht und geradezu zur Droge, zum Heroin der Jäger: »Ein Schuß Pulver war für sie der Inbegriff aller Wünsche […] Stundenlang, ja ganze Tage saßen sie vor meiner Thür und erzählten mir von ihren Heldenthaten; der Endreim aller Erzählungen war immer ein Betteln um Pulver.«[130]

Auch kleinere Tiere, insbesondere Singvögel, wurden (und werden vielerorts auch heute noch) gezielt verfolgt, oft einfach so, aus purer Lust am Töten. Der berühmte Ornithologe Sittich (!) Hans Freiherr von Berlepsch erzählt davon in seinem »ornithologischen Lebenslauf«. Er hatte in den späten 1870er Jahren Karolinasittiche gekauft, die in ihrer Heimat Nordamerika gezielt verfolgt wurden. Diese züchtete er und ließ sie, ein Trupp von zwanzig Vögeln, frei in seinem Gut umherfliegen, in der Hoffnung, sie womöglich ansiedeln zu können. Doch die »herrlich grünen Vögel mit gelb und rotem Kopf« verschwanden. Jahre später, die Sittiche waren in ihrer nordamerikanischen Heimat bereits ausgerottet, entdeckte er in einer »Dorfschänke« einige der vermissten Tiere – ausgestopft. Der Wirt erzählte bereitwillig, »Vater selig« habe vor langer Zeit die »komischen Vögel« mit dem Gewehr innerhalb zweier Tage von der Hoflinde geschossen, und es sei, so habe er seinerzeit erzählt, merkwürdig gewesen, dass die Tiere die getroffenen und am Boden liegenden Genossen umflattert hätten, sodass man sie habe bequem »bis zum letzten vernichten« können.[131] Diese Tiere, denen ein schießlustiger Dorfwirt zum Verhängnis wurde, zählten weltweit zu den letzten freilebenden Karolinasittichen, denn in ihrer Heimat Nordamerika waren die Sittiche bereits fast verschwunden. Die Art ist heute ausgestorben. Vielerorts, insbesondere in südlichen Gegenden, stehen Vögel auch heute noch auf dem Speiseplan. Sie wurden und werden in großem Stil mit Fallen und Netzen gefangen, als eine Art Wild des kleinen Mannes. Auch diesen Zustand beklagt von Berlepsch bereits.[132] Auch im heutigen Europa, das die Vogeljagd zwar gesetzlich stark eingeschränkt hat, sterben durch legale und illegale Jagd immer noch jährlich 20 bis 25 Millionen Vögel in Netzen oder durch Kugeln. In großem Stil betreiben auch die Ägypter den Vogelfang, mit riesigen Netzen lauert man hier entlang der Flugrouten den Zugvögeln aus dem Norden auf: viele Vögel, die in Europa mit teuren Artenschutzprogrammen überleben, etwa Pirole, landen so, legal oder illegal, in ägyptischen Fritteusen oder wandern als teures Exportgut in die Küchen reicher Geschäftsleute in den Golfstaaten. Dünne, fast unsichtbare Netze aus Kunstfasern und digital gespeicherte Vogelrufe, die über Lautsprecher abgespielt werden, machen diese Jagd effizienter als je zuvor; nach Schätzungen der Organisation *Nature Conservation Egypt* gehen so jedes Jahr bis zu zwölf Millionen Vögel in die Fallen, drei Viertel davon illegal. Genau gezählt wurden die Opfer nie, es könnten auch deutlich mehr sein.[133]

Auch chemische Kampfstoffe sind Mittel der Vernichtung, die sowohl gegen Menschen wie gegen nichtmenschliche Organismen wirksam sind. Bei Arbeiten für die Entwicklung neuer Insektizide im Auftrag der IG Farben synthetisierte der Chemiker Gerhard Schrader 1936 eine Substanz namens (RS)-Dimethylphosphoramidocyanidsäureethylester, die als Insektizid wirkte, aber auch für Menschen extrem giftig war. Die Substanz war daher für die ursprünglich gedachte Anwendung *tabu*, sie wurde Tabun genannt und an die Wehrmacht weitergegeben, die sie im Tonnenmaßstab für ihren Chemiewaffenvorrat fertigen ließ, jedoch nie einsetzte. 1939 synthetisierte Schrader den noch viermal giftigeren Methylfluorophosphonsäureisopropylester, der ebenfalls sowohl gegen Menschen wie gegen Insekten wirkt und Sarin getauft wurde.[134] Später gelang Schrader die Entwicklung von Phosphorsäureestern, die den von ihm ursprünglich gedachten Zweck erfüllten, weil sie wirksam gegen Insekten, jedoch deutlich weniger giftig für Menschen sind. Sie werden vielfach noch heute als Pestizide eingesetzt, obwohl auch diese Stoffe bei hoher Exposition nervenschädigend wirken. Die Organophosphate sind keineswegs das einzige Beispiel einer Stoffgruppe, die sich sowohl gegen nichtmenschliche Organismen als auch militärisch einsetzen lässt, zu erinnern wäre etwa auch an das berüchtigte *Agent Orange*, ein Entlaubungsmittel, das im Vietnamkrieg als Kampfstoff eingesetzt wurde.[135]

Pestizide und Insektizide, die heute weltweit versprüht werden, sind einerseits in der intensiven Landwirtschaft, aber auch zur Bekämpfung von Krankheiten, die von Insekten übertragen werden, von einigem, wenn auch oft nur kurzfristigen Nutzen. Andererseits vernichten sie nichtschädliche und sogar nützliche Insekten, etwa Bienen in großem Maßstab.[136] Auch Fledermäuse und Vögel werden geschädigt, worauf Rachel Carson in *Silent Spring* schon 1962 hinwies. Zudem können diese Substanzen die sie produzierenden Chemiker und Arbeiter ebenso krank machen wie die Landwirte und die Anwohner der Felder. Auch wenn sie nicht so toxisch sind wie die mit ihnen eng verwandten Nervengase, verursachen sie bei hoher und regelmäßiger Exposition Nervenschädigungen und können schwere Krankheiten, zum Beispiel Morbus Parkinson, auslösen.

Erst Mitte des 20. Jahrhunderts begann man,

der weltweiten Naturzerstörung Einhalt zu gebieten. Für sehr viele Lebewesen kam dieser Sinneswandel zu spät. Im *Living Planet Index 2016* des WWF wird festgehalten, dass sich zwischen 1970 und 2012 die Bestände wildlebender Wirbeltiere mehr als halbiert haben: die Populationen sind um insgesamt 58 Prozent geschrumpft. Dieser Schwund verteilt sich ungleichmäßig auf Wasser und Land; am stärksten betroffen sind die Bewohner von Süßgewässern wie Flüssen und Seen oder Mooren; deren Zahl ist um 81 Prozent zurückgegangen. In den Meeren beläuft sich der Schwund der Wirbeltiere auf 40 Prozent, an Land beträgt er 38 Prozent. Andererseits hat sich zwischen 1960 und 2012 die Zahl der Menschen auf 7,4 Milliarden verdoppelt; ihre Ansprüche sind zugleich drastisch gewachsen.

Nicht nur Populationen schmelzen dahin, auch Arten verschwinden. Der amerikanische Umwelthistoriker John R. McNeill resümiert in einer Beschreibung des »sechsten großen Artensterbens« auf Erden, dessen Ursache nicht ein Meteorit aus dem All ist, sondern der Mensch, dass »seit dem Jahre 1600 n. Chr. mindestens 484 Tiere und 654 Pflanzen ausgestorben« sind.[137] Das scheint, gemessen an vielleicht 14 Millionen Arten von Lebewesen, die derzeit auf Erden existieren, wenig zu sein. Es gilt aber zu bedenken, dass sehr viele Tier- und Pflanzenarten heute in ihren Beständen schon so weit reduziert sind, dass sie für funktional ausgestorben gelten – es gibt sie noch, jedoch nicht mehr in Populationsgrößen, die ökologisch eine Rolle spielen bzw. langfristig lebensfähig sind. Sie überleben in Zoos oder in Naturschutzgebieten, die großen Zoos ähneln. Die Aussterberate der Säugetiere liegt heute 40-mal über der natürlichen Aussterberate, die der Vögel sogar 1000-mal darüber.[138] Neue Arten aber brauchen Millionen von Jahren, um zu entstehen. Entomologen sprechen analog von einem Insektensterben [139], das allerdings wesentlich schwieriger zu erfassen ist, aufgrund der riesigen Artenzahl einerseits und der winzigen Zahl kompetenter Fachleute andererseits. Insgesamt gehen Experten davon aus, dass in den nächsten ein oder zwei Jahrhunderten 30 bis 50 Prozent aller Arten auf der Erde aussterben werden.[140]

Die Angst der Wildtiere hat also gute Gründe. Tiere lesen keine Statistiken, aber sie erleben ständig die Bedrohung oder Verfolgung durch Menschen, und wenn sie in der Gegenwart nicht (mehr) verfolgt werden, dann steckt ihnen die jahrhundertelange Jagd noch in den Knochen und verändert ihr Verhalten.

Menschen sind aggressive Geschöpfe. Aggressiv ist ein Verhalten, wenn es auf die Unterdrückung oder Ablenkung der Eigenart oder der Tätigkeit eines Objekts gerichtet ist; destruktiv, wenn es auf dessen Vernichtung zielt.[141] Aggressives Verhalten ist bei Menschen nicht Selbstzweck, jedenfalls in der Regel nicht, vielmehr steht es oft im Dienst produktiver Tätigkeiten. Gefällt oder gejagt oder vergiftet wird nicht oder jedenfalls nicht nur aus Freude am Töten, sondern um zu bauen, zu säen oder auch um Waren zu produzieren, mit denen sich Handel treiben lässt. Der Altphilologe Walter Burkert hat in seinem Buch über den tötenden Menschen *Homo Necans* daran erinnert, dass das römische Wort für Handeln – *operari* – ursprünglich töten oder opfern bedeutet. Der Kern des menschlichen Tuns ist danach, so könnte man zugespitzt sagen, das Töten von Tieren; heute gesteigert zur unüberbietbaren Gestalt, bis zur kollektiven Ausrottung von Tierarten.

Das aggressive Verhalten des Menschen hängt mit seiner Expansion zusammen, mit der Vergrößerung der Zahl der Menschen und dem gleichzeitigen Anstieg ihrer Produktivität und ihrer Ansprüche, die ihrerseits nur durch weitere Expansion der von Menschen betriebenen Biotope (Ackerflächen, Weiden, Nutzwälder usw.) befriedigt werden können.[142] Infolge der Expansion der Menschenwelt kommt es immer wieder zu Zusammenstößen und Kämpfen mit den nichtmenschlichen Organismen. In der Regel steigert sich dabei die Aggression des Menschen zur Destruktion. Aggression und Destruktion können, wie der Schweizer Psychoanalytiker Hans Kunz überzeugend nachgewiesen hat, wie Arbeit kontinuierlich und ohne innere Beteiligung ausgeübt werden, sie können kollektiv organisiert und technisiert werden, und gerade das macht sie so zerstörerisch: »Die zum Gewinn von Kultur- und Industrieland getätigten Rodungen der Wälder und Ausrottungen der Wildnis, das Töten einerseits von Tieren in Schlachthäusern, Geflügelfarmen und Laboratorien, andererseits das Vernichten und Verstümmeln von Menschen in Kriegen, Gefangenenlagern usw.: das alles sind zumeist keine affektiv-triebhaften Aktionen, sondern rational geplante, dank der Technik in wachsendem Umfang durchführbare, spezifisch menschliche ›Arbeitsleistungen‹: und sie verwirklichen die Ubiquität des Zerstörens, weil wir dieses jederzeit ohne die geringste emotionale Resonanz vollziehen können.«[143] Zudem sind die Verfahrensweisen des Tötens beim Menschen gegenüber den Tieren »instrumental erweitert«.[144]

Prinzipiell können wir unbegrenzt fortfahren mit dem Zerstören, wir können »das aggressiv-destruktive Tun potentiell unbegrenzt fortsetzen, faktisch kommt es – von rationalen Erwägungen abgesehen – nur infolge einer allgemeinen Ermüdung oder weil die zerstörbaren Gegenstände wegfallen zum Erliegen«.[145] Heute können wir mithilfe der Technik außer manchen geografischen Objekten wie großen Bergen nahezu alles zerstören. »Wenn früher ein Mensch und ein Sumpf zusammenkamen, verschwand der Mensch, jetzt der Sumpf«[146] – so fasste der Soziologe und Philosoph Otto von Neurath es zusammen.

Zur Angst haben die Tiere also allen Grund – Menschen sind ihr Tod. Und zwar nicht der Mensch als solcher, der mit seinen schwachen Armen, seinen wenig eindrucksvollen Zähnen und seinen zu langsamen Beinen den meisten Tieren kaum gefährlich werden könnte, sondern der organisierte, technisierte, motorisierte, mit Feuer und Feuerwaffen bewaffnete Mensch.

Es ist kein Zufall, dass in Melvilles *Moby Dick* Kapitän Ahab nicht nur eine aus Walknochen gefertigte Beinprothese trägt – der weiße Pottwal hatte ihm beim ersten Kampf ein Bein abgebissen – sondern in einem Monolog auch von einem riesengroßen, gänzlich künstlichen Menschen träumt, der nichts sieht, der keine Augen hat, dafür aber viel Hirn und mit unendlicher Kraft gewaltige Taten verrichtet. Ahab selbst sieht sich technomorph, spricht mehrfach von seinem eisernen Schädel, den er am liebsten auf den

Amboss des Schmiedes legen will, wähnt eine eiserne Krone auf seinem Haupt und schmiedet selbst die Harpune, mit der er Moby Dick erlegen will. Die Waffe wird mit Blut getauft, das zwei heidnische Matrosen spenden, und im Namen des Teufels gesegnet.

Bemerkenswert ist auch das unheimliche Bild, das Felix Salten in seinem düsteren Roman *Bambi* erfindet. Er schildert Bambis Begegnung mit einem Jäger aus der Perspektive des Tieres: »Die Gestalt bleibt lange ohne Regung. Dann streckt sie ein Bein aus, eines, das ganz oben sitzt, nahe am Gesicht. Bambi hat gar nicht bemerkt, daß es überhaupt vorhanden ist. Aber nun sich dieses fürchterliche Bein gerade aus in die Luft streckt, wird Bambi von der bloßen Gebärde weggefegt, wie eine Flaumfeder vom Winde. Im Nu ist er wieder im Dickicht [...] Und rennt.«[147] An einer späteren Stelle unterhalten sich die Tiere über ihren Feind, den Jäger. Eine Krähe hat ihn beobachtet: »Die dritte Hand, sagt die Krähe, ist die böse. Sie ist nicht angewachsen, wie die beiden anderen, sondern Er trägt sie über die Schulter gehängt. [...] Wenn Er ohne die dritte Hand daherkomme, dann sei Er nicht gefährlich.«[148]

Die Tiere müssen nicht erst erfahren haben, dass Menschen ihnen ans Leben wollen, vielmehr erlernen sie diese Angst von ihren Artgenossen und von anderen Tieren – sie sehen ja, dass alles wegrennt. Die Angst der Tiere wird durch Erziehung sowie durch Nachahmung der nächsten Generation eingepflanzt, so wie in autoritären Regimen die Angst vor dem Herrscher.[149] Das gelegentliche Beispiel des Schreckens reicht aus, um ganze Populationen in steter Furcht zu erhalten. Und chronische Furcht wirkt sich biologisch sehr nachteilig aus. Auch wenn die Verfolgung nachlässt, dauert es Generationen, bis die Tiere wieder zu einem angstfreien Verhalten zurückfinden. Menschen verändern nicht nur die Biotope der Erde, sie verändern auch ihre Psychotope. Sie haben ein Ökosystem der Angst errichtet.

Doch die Psychotope unterscheiden sich, es gibt eine Geografie der Angst.[150] In Städten und Parks etwa sind Schwäne und Enten, sogar Hasen und Kaninchen weniger scheu, hin und wieder kann man auch Füchse aus nächster Nähe beobachten, und zwar deshalb, weil diese Tiere wissen, dass sie in den Städten viel sicherer sind als auf dem Land, weil nicht systematisch auf sie geschossen wird.

Wer aber als Pilzsammler im Forst unterwegs ist, wird entweder kein Tier oder nur plötzlich aufspringende und flüchtende Tiere entdecken. Der Grund ist nicht schwer einzusehen, wenn man sich die Jagdkanzeln ansieht, die das Land nahezu flächendeckend überziehen und viele Wälder wie Lager umzingeln. Die Wildtiere zeigen sich nicht, weil sie wissen, was sie von Menschen zu erwarten haben. Dadurch entsteht wenn man in unseren Nutzwäldern unterwegs ist oft der Eindruck, diese seien leer und einsam. Auf der Hut vor den Menschen verlegen Wildtiere ihre Aktivität in die Nacht: sie werden Nachtwild, wie die Jäger sagen. Dies ist nicht etwa ihre natürliche Lebensform, sondern eine erworbene, mit Stress verbundene Abwehrmaßnahme, eine Reaktion, die dazu führt, dass wir die Tiere nicht sehen. Die Tiere machen sich unsichtbar, sie ändern als Reaktion auf die Bedrohung ihr Verhalten.[151] Nicht zuletzt deswegen schwinden die Möglichkeiten von Menschen, unmittelbare Erfahrungen mit Wildtieren zu machen: die Entfremdung von der Natur wird weiter vertieft. Die Angst führt zu einer ökologischen Abwärtsspirale.

Die Unerschrockenen

Neben der Entdeckung des Feuers und der Erfindung des Ackerbaus wird oft auch die Zähmung der Tiere als Ereignis von historischer Bedeutung angesehen. Mit dieser Zähmung schuf sich der Mensch Begleiter, die ihn schützen und transportieren, die ihm bei der Arbeit helfen und ihm Nahrung spenden oder gleich selbst als Nahrung dienen.

Selbstverständlich haben auch Nutztiere Angst, insbesondere Angst vor Artgenossen. Das bereits erwähnte von Thorleif Schjelderup-Ebbe bei Verhaltensstudien auf einem Hühnerhof entdeckte und so bezeichnete »Hackgesetz«, die Hackordnung, ist ein Gesetz der Angst,[152] und auch vor dem sie versorgenden Menschen haben die Nutztiere weiterhin Angst – nicht ohne Grund. Die Frage, wie die Angst der Nutztiere gemindert werden kann, ist ein tierpolitisches und tierethisches Thema von Bedeutung, das insbesondere von der amerikanischen Tierforscherin Temple Grandin in den letzten Jahrzehnten mit vielen innovativen Beiträgen neu auf die Tagesordnung gesetzt wurde.

Das Hauptmerkmal der Nutztiere sind aber nicht diese oder jene besonderen Kräfte und Fähigkeiten, sondern es ist die »Ausschaltung der Fluchttendenz vor dem Menschen«.[153] Ihre nützlichen Eigenschaften sind wertlos ohne die eine zentrale: dass sie *keine* Angst vor Menschen haben. Die Zähmung eines Tieres braucht Geduld. Durch einen geschickten Umgang mit Wildtieren wird ihre Fluchtdistanz schrittweise verringert und endlich zum Verschwinden gebracht. Die Tiere fressen uns dann aus der Hand, benehmen sich zunehmend entspannter und sehen in uns schließlich Artgenossen, Leitwölfe zum Beispiel.

Doch neben den Tieren, die von Menschen aktiv gezähmt werden, gibt es auch solche, die sich ihnen und ihren Biotopen von sich aus anschließen. Diese Arten zeichnen sich dadurch aus, dass sie sich in den von Menschen geschaffenen künstlichen Umwelten zurechtfinden und ihre Furcht vor ihnen reduziert haben. Sie laufen den Menschen von sich aus nach, sind *verstädtert*, haben ihre Fluchtdistanzen vermindert und ihr Verhalten insgesamt angepasst.[154]

Diese Tiere sind nicht im eigentlichen Sinn zahm. Sie fürchten den Menschen noch, wissen, dass er ihnen nachstellt, doch sie wissen zugleich, dass seine künstlichen Biotope ihnen viele Vorteile und Nischen eröffnen. Denn hier gibt es Nahrung in Fülle, natürliche Feinde sind in der Stadt reduziert, das Klima ist wärmer als im Umland. Die Tiere sehen diese Chancen und nutzen sie. Sie sind, könnte man sagen, couragiert, überwinden ihre Furcht, ohne sie abzulegen. Oft sind sie frech, unerschrocken und unverschämt und in der Lage, die aufjagende Fluchtregung unter Kontrolle zu halten. Deshalb hassen die Menschen sie – und bewundern sie zugleich.

Oft sind solche Tiere – Straßentauben, Ratten, Saatkrähen etc. – Generalisten, das heißt, sie sind in der Lage sich von sehr unterschiedlichen Dingen zu ernähren; und sie sind zugleich Kosmopoliten, vermögen den Menschen überallhin zu folgen, sind in kalten oder heißen Regionen gleichermaßen zuhause. Sie ertragen Lärm und Umweltverschmutzung, auch schlechte Luftqualität. Sie ähneln den Menschen, denen sie nachfolgen, denn auch Menschen sind Allesfresser, Generalisten und Kosmopoliten. Und die unerschrockenen Tiere verwildern hier und da auch wieder, ziehen in die ausgedünnten Ökosysteme und übernehmen dort die Nischen der ausgerotteten einheimischen Raubtiere, nicht selten mit fatalen Folgen für die heimische Tierwelt, indem sie deren Komplexität weiter reduzieren. Ratten haben etwa in Australien und

Neuseeland einheimische Beuteltiere verdrängt und deren ökologische Nischen eingenommen.[155]

Die Angst der Menschen vor den Tieren

»Urplötzlich scheint die Erde zu dröhnen: – in nächster Nähe brüllt ein Löwe! [...] Die Schafe rennen wie unsinnig gegen die Dornhecken an, die Ziegen schreien laut, die Rinder rotten sich im lauten Angstgestöhn zu wirren Haufen zusammen, das Kamel sucht, weil es gern entfliehen möchte, alle Fesseln zu zersprengen, und die muthigen Hunde, welche Leoparden und Hiänen bekämpften, heulen laut und kläglich und flüchten sich jammernd in den Schutz ihres Herren, welcher selbst, rath- und thatlos, an seiner eignen Stärke verzweifelnd, sie der ihm übermächtigen Gewalt unterordnend, in seinem Zelte zittert, es nicht wagt, nur mit seiner Lanze bewaffnet einem so furchtbaren Feinde gegenüberzutreten, und es geschehen lassen muß, daß der Löwe näher und näher herankommt, daß die leuchtenden Augen zu dem Schrecken der Stimme noch einen neuen fügen«, so heißt es in *Brehms Thierleben*.[156] Und weiter: »Man begreift, daß alle Thiere, welche diesen fürchterlichen Räuber kennen, vor Entsetzen fast die Besinnung verlieren, sobald sie ihn nur brüllen hören. Dieses Gebrüll ist bezeichnend für das Thier selbst. Man könnte es einen Ausdruck seiner Kraft nennen, es ist einzig in seiner Art und wird von keiner Stimme eines andern lebenden Wesens übertroffen. Die Araber haben ein sehr bezeichnendes Wort dafür: ›raad‹, d. h. donnern. Beschreiben läßt sich das Löwengebrüll nicht. Tief aus der Brust scheint es hervorzukommen, es scheint diese zersprengen zu wollen. Es ist schwer, die Richtung zu erkennen, von woher es erschallt, denn der Löwe brüllt gegen die Erde hin, und auf dieser pflanzt sich der Schall wirklich wie Donner fort.«[157]

Diese Zeilen von Alfred Brehm zeigen, wie intensiv die Angst der Menschen vor Tieren, insbesondere vor bestimmten Raubtieren einmal war. Und auch heute noch ist in Mitteleuropa der freilich von gefährlichen Tieren bereinigte Wald für viele ein Ort der Bangnis, besonders nachts.

Auch über ihren Tod hinaus können einige Raubtiere den Menschen ängstigen. Der erlegte Bär wurde in manchen Gegenden Nordostasiens beispielsweise feierlich angesprochen und nachträglich besänftigt, um seine Seele milde zu stimmen gegen die, die ihn getötet haben.[158]

Zweifellos sind Reste dieser Angst vor großen Raubtieren immer noch lebendig und können leicht geweckt werden. Nicht umsonst findet sich der Film *Der weiße Hai* (1975) auch heute noch auf der vom American Film Institute angelegten Liste der besten Thriller, an zweiter Stelle hinter Alfred Hitchcocks Film *Psycho*. Die diffuse Angst, die viele Menschen in einsamen Wäldern spüren, insbesondere während der Dämmerung oder nachts, dürfte mit der Erfahrung unserer Vorfahren zusammenhängen, die tatsächlich noch von Bären, Wölfen oder gar Löwen bedroht waren. Elias Canetti hat daher seine Theorie der Macht wesentlich auf die Urängste des Menschen vor dem Ergriffenwerden von Raubtieren aufgebaut: »Die Absicht des einen Körpers auf den anderen wird vom Augenblick der Berührung an konkret. Schon bei den tiefsten Formen des Lebens hat jener Moment etwas Entscheidendes. Er enthält die ältesten Schrecken; wir träumen von ihm; wir dichten ihn; unser Leben in der Zivilisation ist nichts als eine einzige Anstrengung, ihn zu vermeiden.«[159]

Von großen Beutegreifern mit den Zähnen gepackt zu werden, ist, wie Canetti schreibt, der »letzte aller Schrecken. Immer war die Phantasie des Menschen mit diesen Etappen der Einverleibung beschäftigt. Das starrend geöffnete Maul der großen Bestien, die ihn bedrohten, hat ihn bis in seine Träume und Mythen verfolgt.«[160]

Für Canetti versammelt sich alles, was Macht ausmacht, alles, was Schrecken auslöst, in den »Katzenraubtiere(n)«, insbesondere im Löwen.

Bei ihnen sei der gesamte Vorgang konzentriert: das Lauern, der Sprung, das Ergreifen und das Zerfleischen. Die Angst vor Raubtieren ist den Menschen tief eingeprägt, sie bestimmt ihr Verhalten auch heute noch und wird die absehbare Ausrottung der großen Beutegreifer zu Land und im Wasser sicherlich überleben. Denn die Zeit, in der die Menschen noch nicht technisch unendlich überlegene Jäger, sondern selbst Gejagte waren, ist die weitaus längere in der bisherigen Menschheitsgeschichte: das Altpaläolithikum umfasst 95 bis 99 Prozent der bisherigen Menschengeschichte.[161] Viele menschliche Errungenschaften, etwa die Nutzung des Feuers oder die Kooperation in der Gruppe, die in dieser Zeit in Gebrauch kamen, dienten der Feindvermeidung.[162] Erst mit der Erfindung des Ackerbaus vor rund 10 000 Jahren begann jene neue Epoche menschlicher Dominanz, in der die Menschen sich ihre eigenen, künstlichen Biotope schufen und die bestehenden natürlichen Ökosysteme und deren Bewohner mehr und mehr ihren Zwecken unterwarfen.

Wenn bereits das Feuer die Macht des Menschen beträchtlich gesteigert hat, so gilt dies umso mehr für die verdichteten Feuer, die in der Neuzeit und der Moderne in Gebrauch kamen. Die Erfindung und Ausbreitung von Explosivstoffen, Feuerwaffen und Verbrennungsmotoren veränderten die Machtverhältnisse in der Natur tiefgreifend. Auch wenn die Jagd mit Feuerwaffen auf große, wehrhafte Tiere weiterhin keineswegs ungefährlich ist, verschaffen diese Waffen dem Menschen doch einen entscheidenden Vorsprung, weil der Schütze einen viel größeren Abstand einnehmen kann, als dies mit dem Bogen oder dem Speer möglich ist. Ihr donnernder Krach übertrifft das Gebrüll des Löwen. Eine Fernwaffe ermöglicht weitgehend angstfreies Töten. Auch eventuell vorhandene angeborene Hemmungen, die das Töten von anderen Lebewesen erschweren und die wohl immer noch in uns wirksam sind, wie der Schock zeigt, den der Anblick fließenden Blutes bei vielen auslöst, werden mit Fernwaffen entscheidend reduziert. Die technisch gerüstete Aggression und Destruktion des Menschen kennt anders als die der Raubtiere keine instinktiven Grenzen, weder gegen seinesgleichen noch gegen nichtmenschliche Lebewesen.

Tiger haben noch in den 1920er Jahren in Indien jährlich nahezu eintausend Menschen getötet.[163] Eine zweifellos hohe Zahl, und doch war sie schon damals statistisch betrachtet eher klein, verglichen etwa mit anderen Todesursachen wie Malaria. Heute sind deutlich unter einhundert jährliche Todesfälle in den Tigerschutzgebieten Indiens zu beklagen, da die Tiger durch systematische, teilweise kreuzzugartige Jagden fast ausgerottet wurden.[164] Die Zahl der Verkehrstoten in Indien betrug übrigens im Jahr 2015 laut Statistik 146 333 Personen.

Auf dem Meer war die Angst vor großen Tieren, insbesondere vor Walen, bis weit in das 19. Jahrhundert nicht nur unter Walfängern beträchtlich, der Roman *Moby Dick* zeugt in beredten Worten davon. Auch heute noch dürfte für viele die Angst im Wasser vor den womöglich dort lebenden Menschenjägern beträchtlich sein. Der Hai kann auch in unserer Zeit regelmäßig für Panik sorgen. Tatsächlich zählen Haie zu den ganz wenigen großen Wildtieren, die auch heute noch hin und wieder Menschen töten. Die Zahl der durch Haie getöteten Menschen betrug jedoch im Jahre 2016 lediglich 9.[165] Natürlich sind das neun Tragödien – und dennoch: Es ist wahrscheinlicher, durch einen Blitzschlag ums Leben zu kommen als durch einen Haiangriff. Die Zahl der durch Menschen getöteten Haie liegt demgegenüber im selben Jahr bei (geschätzten) 100 Millionen. Da nutzt es dem gefürchteten Weißen Hai nichts, dass er in Australien und Neuseeland unter (eingeschränktem) Schutz steht.[166]

An Land sind die Menschen, abgesehen von wenigen abgelegenen Gebieten im Norden, im äußersten Süden und in den Tropen, heute unangefochtene Herrscher. Unter den Organismen sind es nur mehr die Mikroorganismen, die uns weiterhin bedrohen. Die Angst vor Tieren, die es gleichwohl immer noch gibt, richtet sich besonders auf Spinnen oder auf Schlangen. Im Fall der Schlangen scheinen diese Ängste angeboren zu sein, immerhin haben auch viele Primaten eine erhebliche Angst vor Schlangen. Diese könnte damit zusammenhängen, dass Schlangen etwas Unheimliches in ihrer Erscheinung haben, sie faszinieren ihre Beute, sie fesseln durch die aneinandergleitenden Muster ihrer Haut, durch ihren starren Blick, durch ihr Züngeln und bannen so ihr Opfer, bis sie blitzschnell zustoßen.[167]

Doch weitaus mehr Schlangen sterben durch Menschenhand als Menschen durch den Schlangenbiss.[168] Entweder werden sie unmittelbar getötet, oder sie werden überfahren oder verlieren ihren Lebensraum. Der brasilianische Fotograf Manoel Nunes erzählte mir dazu folgende Geschichte: In seiner Heimatstadt Teresina, in Nordostbrasilien im Bundesstaat Piauí gelegen, gab es einen Brackwassersee, genannt *Lagoa da Cobra*, Schlangensee. Dieser wurde vor wenigen Jahren zugeschüttet, um Baugrund für ein Shopping-Center zu schaffen. Da flüchtete sich die sogenannte *Cobra*, tatsächlich eine mehrere Meter lange Anakonda, die ihren Lebensraum verloren hatte, in das allerletzte Haus der Straße, welches direkt an dem inzwischen fast verschwundenen See stand. Dessen Besitzer zögerte nicht lange, sondern erschoss das heimatlose Tier mit seinem Gewehr und zog ihm die Haut ab.

Die meisten Menschen kennen Wildtiere nur aus dem Zoo oder als zerrissene, flachgewalzte Leichen auf Autobahnen oder am Straßenrand. Auch im 21. Jahrhundert setzte sich die Vernichtung der Tiere mit enormer Geschwindigkeit fort. Von mehr als 200 000 Löwen, die 1980 noch in Afrika lebten, gibt es heute weniger als 20 000. Und obwohl 10 000 Tiger als ›Haustiere‹ in den USA leben, sind es weltweit in freier Wildbahn nicht einmal mehr 4000.[169] Tiger werden, obwohl sie internationalen Schutz genießen, auch heute noch gejagt, weil unter den vielen Menschen, die an die Traditionelle Chinesische Medizin glauben, auch etliche sind, die gern gewilderte Tigerknochen und -zähne kaufen. Der Lebensraum der Tiger beträgt heute nur mehr sieben Prozent des noch Anfang des 20. Jahrhunderts bestehenden Raumes.[170]

Doch die Angst davor, Beute zu werden, ist in unserer von Raubtieren weitgehend bereinigten Welt nicht verschwunden. Sie wird in andere Sinnbereiche übertragen.[171] Unsere modernen Ängste lassen häufig – insbesondere in Bildern und Fantasien, in denen das Furchtbare oft mit bösen Raubtieraugen ausgestattet wird, noch ihre Ursprünge in jener lange zurückliegenden Zeit erkennen, in der die Menschen noch nicht der Universalfeind aller übrigen Tiere waren,[172] sondern selbst gejagt wurden.

Betritt man die still gewordenen Nutzlandschaften, seien es nun Äcker oder Forste, dann empfindet man oft jene Trauer, von der vollständige Siege nicht selten begleitet sind. Es ist einsam um die, die absolut herrschen.

Versöhnung

Nur noch in wenigen Zonen, etwa in der Antarktis oder in den Tiefen des Pazifiks, sind Tiere halbwegs sicher vor dem Menschen. Überall sonst werden sie verfolgt und ist die Angst der bestimmende Faktor in der Koexistenz der Wildtiere mit dem Menschen. Doch der Traum von einem friedlichen, angstfreien Zusammensein von Mensch und Tier ist seit alters her im Mythos präsent. In vielen jener Heiligenlegenden, die Joseph Bernhart in einer Anthologie gesammelt hat, verlieren auch Raubtiere wie Löwen, Wölfe und Bären ihre Wildheit und leben, ein Weilchen wenigstens und nur in Gegenwart der frommen Männer, in Frieden mit den Menschen und den anderen Tieren. Man muss über solche Legenden nicht schmunzeln. Sie nähren sich aus Erinnerungen und Erfahrungen: Als die Menschen noch wenige waren und harmlos bewaffnet, hatten die Tiere wenig oder gar keine Angst vor ihnen.

Theodor W. Adorno hat als einer der Ersten von einer Versöhnung mit der Natur gesprochen. Was meint er damit? Versöhnung bedeutet ihm keine allgemeine Verbrüderung, kein Ineinander-Überfließen; die Gegensätze bleiben bestehen. In seiner *Negativen Dialektik* schreibt er: »Der versöhnte Zustand annektierte nicht mit philosophischem Imperialismus das Fremde, sondern hätte sein Glück daran, daß es in der gewährten Nähe das Ferne und Verschiedene bleibt, jenseits des Heterogenen wie des Eigenen.«[173] Versöhnung ist also ein gelassenes Sein-Lassen, das Nähe zulässt.

Eine eigentliche Definition des Wortes findet sich bei Adorno nicht, es dürfte sich aber lohnen, die Versöhnung zumindest vom Sich-Vertragen abzugrenzen. Versöhnen kann man sich nur, wenn zuvor ein Zustand der Feindschaft bestand, der durch die Versöhnung aufgehoben wird. Versöhnung geht auf die innere Gesinnung und auf die Gefühle, setzt voraus, dass anstelle von Hass und Angst Vertrauen entsteht. Vertragen dagegen setzt keine vorherige Feindschaft voraus, man kann sich auch mit neuen Bekannten gut vertragen. Somit ist es etwas Äußerliches, das kein Überwinden negativer Gefühle voraussetzt. »Man versöhnet sich mit jemanden«, erläutert Samuel Stosch im Jahr 1770, »wenn man den Haß, oder die Feindschaft, welche man gegen ihn hatte, ableget, und freundschaftlich gesinnet wird. Man verträget sich mit ihm, wenn man ihm äusserlich nicht mehr wie einem Feinde begegnet, sondern gut mit ihm umgehet.«[174] Die Steigerung der Versöhnung, bei der der letzte stumme Groll überwunden wird, ist die Aussöhnung.[175]

Gibt es Aussichten auf eine Versöhnung mit der Natur? Wird es möglich sein, global Verhältnisse zu schaffen, die der fortgesetzten, technisch hochgerüsteten Aggression der Menschen gegen die Natur, gegen Tiere und auch Pflanzen ein Ende setzen?

Es gibt kaum Hoffnung, dass dies geschehen wird. Versöhnung mit der Natur ist ein utopisches Ziel.[176]

Nur mehr als Relikte werden viele Organismen überleben, in Zoos oder vielleicht als Gen-Sample in Biobanken. Es mag sie in Restpopulationen hier und da noch geben: Funktional aber sind sie ausgerottet. Das dichtgewebte, schimmernde, dreidimensionale Netz des Lebens wird bald nur noch ein dünnes, vielerorts gänzlich zerschlissenes Tuch sein.[177] Es ist damit zu rechnen, dass in etwa einhundert Jahren nur mehr die Hälfte der bekannten Tierarten leben wird, die Populationen zahlreicher Wirbeltierarten haben sich schon seit den 1970er Jahren halbiert. Wohin man auch kommt, welchen Kontinent man auch betritt, überall werden uns dieselben Arten begegnen; die Unerschrockenen, jene Generalisten, die in Lebensräumen, die durch fortgesetzte menschliche Nutzung geprägt sind, gut zurechtkommen.

Der japanische Philosoph und Primatologe Imanishi Kinji hat in einem 1940 entstandenen Essay die Gemeinschaft der Lebewesen auf Erden mit einem prachtvollen Luxusdampfer verglichen. Dieses Schiff habe sich im Verlauf der Evolution von selbst aus Teilen der zuvor unbelebten Erde gebildet; »ein Teil der Erde [hat sich] zum Material für das Schiff und zum Schiff selbst entwickelt. Der restliche Teil hat sich zu den Passagieren entwickelt, die auf dem Schiff fahren. So war weder das Schiff zuerst da, noch waren es die Passagiere.«[178] Heute muss man dieses Bild verändern. Denn längst haben Menschen das Steuer übernommen, sie bestimmen, wer weiter mitfahren kann, und eine zunehmende Zahl von nichtmenschlichen Passagieren musste bereits von Bord gehen. Ihre Plätze in der ersten, zweiten und dritten Klasse nehmen die Günstlinge der Menschen ein, Nutztiere oder eben synanthrope Arten, Tiere, die sich an die Menschen gewöhnt haben. Ob das Schiff mit dieser dramatisch veränderten Besatzung auf Dauer seetauglich bleiben kann, ist eine offene Frage.

Mit solcher Perspektive von Versöhnung oder Frieden zu sprechen, könnte geradezu zynisch wirken. Eher könnte man die Ansicht vertreten, dass die globale Vernichtung nichtmenschlichen

Lebens ein übermächtiger, nicht zu stoppender Prozess ist, sodass man alle Versuche, ihn abzubremsen, als sinnlos einstellen sollte. Nimmt man die stetige Bevölkerungszunahme, die steigenden Ansprüche, die ökonomische Globalisierung, die immer effizienter werdenden Destruktionsmittel und den Klimawandel zusammen, dann erkennt man rasch, dass die bisher ergriffenen Maßnahmen keine grundsätzliche Kursänderung bewirken werden, geschweige denn zu einer umfassenden Versöhnung mit der nichtmenschlichen Natur führen können. Dazu sind diese Maßnahmen nicht nur viel zu bescheiden. Sie kommen auch zu spät.[179] Was bringt es, zehn Prozent der Erdoberfläche unter Schutz zu stellen?[180] Um einen Richtungswechsel zu bewirken, müsste man mindestens an die Hälfte denken. Aber welche Aussicht gibt es, dass dies tatsächlich geschehen wird?

Und doch wäre es ein Kurzschluss, sich zu sagen, dass man dann eben den Dingen ihren Lauf lassen muss. Wenn wir nichts tun, wird der Artenschwund noch viel schlimmer sein und noch viel gravierendere Konsequenzen haben, als heute schon absehbar ist. Es ist möglich und dringend geboten, zumindest lokal und punktuell *Schritte der Versöhnung* zu tun. Auf diese Weise kann Veränderung herbeigeführt werden. Doch wenn man auch nur eine Tierart vor dem

Aussterben rettet, mag dies zwar, aufs Ganze gesehen, wenig sein, für diese Tierart aber macht es einen Unterschied. Und für uns ebenfalls.

Wenn man Versöhnung nicht als Globalziel sieht, für dessen Erreichen kaum Hoffnung besteht, sondern sich auch mit lokalen Erfolgen zufriedengibt, dann kann sie eine wichtige Ergänzung der aktuell diskutierten naturpolitischen Ideen sein. Denn die naturpolitischen Ideen und die umweltpolitischen Agenden kommen bislang, weil die Ökologie sich überwiegend positivistisch entwickelt hat, meist als äußerliche Managementziele daher. Wälder etwa sollen nachhaltig bewirtschaftet werden, Ressourcen und Energie soll effizient verwendet werden, Kreisläufe sollen geschlossen werden, die Luft, die wir atmen, soll rein sein, das Wasser sauber usw. Das alles ist wichtig. Wir brauchen jedoch auch emotionale Ziele, die einen inneren Naturbezug voraussetzen wie die Versöhnung. Es ist nicht genug, zu versuchen, die große Fabrik Natur so zu führen, dass sie auch in Zukunft, wenn auch vielleicht stark vereinfacht, laufen kann. Die Perspektive einer Ökologie der Subjekte führt zu der Vorstellung, dass die Menschen Teil einer größeren Gemeinschaft sind.[181]

Ein Schritt zur Versöhnung mit der Natur ist ganz konkret, die Angst der Tiere vor den Menschen zu mindern, Zutrauen zu fördern. Das

Gebot, unnötigen Schmerz zu vermeiden, ist in allen Waid- und Fischgerechtigkeiten sowie im Tierschutzgesetz festgeschrieben. Das Gebot der Angstminimierung ist noch nicht in ähnlicher Weise verankert, sollte es aber sein. Denn man kann argumentieren, dass Angst für ein Tier schlimmer ist als Schmerz,[182] unter anderem weil Tiere, anders als Menschen, Angst kaum durch Distanzierung kontrollieren können.[183] Zudem hat die Angst der Überlebenden, wie gezeigt wurde, eine ganze Kaskade von negativen Auswirkungen, die die ökologische Abwärtsspirale beschleunigen.

Wie kann man die Angst der Wildtiere vor den Menschen mindern? Eine Voraussetzung ist, die erschreckende und oft tödliche Aggression der Menschen gegenüber den Tieren zu reduzieren. Hier sind verbindliche Gesetze nötig. Und nicht nur Gesetze auf Papier; die Regeln müssen auch durchgesetzt werden. Das ist nur möglich auf der Basis einer grundsätzlich veränderten Haltung gegenüber den bedrohten Wildtieren. Solange Menschen Wildtiere als Störung oder gar als Gefahr wahrnehmen oder aber ihnen völlig gleichgültig und ahnungslos gegenüberstehen, wird die Verfolgung anhalten. Es ist jedoch möglich und geboten, diese Haltung durch ökologische Aufklärung und kulturelle Inventionen und Innovationen zu verändern, um

Räume für ein angstfreies oder zumindest angstreduziertes Miteinander zu öffnen.

Hier sind mehrere Wege denkbar und werden auch bereits begangen. Zwei, die in der Konsequenz der hier formulierten Ideen liegen, möchte ich abschließend skizzieren.

Das sind zunächst die *hermeneutischen Naturwissenschaften*, die uns auch solche Tiere, die jahrhundertelang als Monstren, als böse Räuber, als blutrünstige Mörder, als sogenannte Killermaschinen dargestellt wurden, als entfernte Verwandte verstehen und vielleicht sogar schätzen lehren. Die ihnen Gerechtigkeit widerfahren lassen, indem gezeigt wird, wie die Welt aus ihrer Sicht aussieht, was wir von ihnen lernen können und die sie damit zu einem Verankerungspunkt von positiven Gefühlen macht. Wo das gelingt, können diese Tiere in der menschlichen Sphäre genügend Freunde und Fürsprecher gewinnen, um ihre Verfolgung zu beenden oder zu vermindern.

Andererseits kann man an ausgewählten Orten Verhältnisse schaffen, in denen Tiere den Menschen nicht als Gefahr wahrnehmen, sondern als ein harmloses, ein anderes Lebewesen. Die Orte, an denen dies bereits geschieht oder doch geschehen kann, sind Nationalparks, die sich zum Ziel setzen, Natur Natur sein zu lassen.

Der eine Weg setzt innen an, beim Verstehen, das zur Brücke für eine gefühlsmäßige Bindung an das Tier wird und damit auch ökologisch wirksam ist. Der andere Weg setzt außen an, bei den äußeren Verhältnissen, indem Räume geschaffen werden, in denen keine Verfolgung stattfindet, und damit allmählich ein anderes, angstfreieres Verhältnis zwischen Menschen und Tieren entstehen kann. Beide Möglichkeiten ergänzen einander; sie sollen hier exemplarisch skizziert werden als Wege einer Ökologie, die Natur nicht als bloßes System von Objekten ansieht, sondern als Gemeinschaft von Subjekten.

Die Geschichte der Wale bietet ein gutes Beispiel für das Potenzial der hermeneutischen Naturwissenschaften, neue Verhältnisse zwischen Mensch und Natur zu schaffen. Aus Hass und Verfolgung können liebevolle, beinahe zärtliche Beziehungen entstehen. In Melvilles Roman *Moby Dick* wird der weiße Wal von Kapitän Ahab als Inbegriff des Bösen gehasst. Mag dies auch eine literarische Zuspitzung sein, der in dem Roman auch andere Sichtweisen entgegengesetzt werden,[184] so steht sie doch in einer langen Tradition, in der Wale als bedrohliche Monstren angesehen wurden. Melville selbst verweist in einem eigenen Kapitel seines Buches auf das damals sehr geringe Wissen über die Wale; und er geht auch kritisch auf die seiner Ansicht nach wenig treffenden Bilder ein, die von den Walen in Büchern und in Museen zu sehen seien.

Im 19. Jahrhundert wurden die Tiere intensiv bejagt, da aus ihrem Fett wertvolle Produkte hergestellt werden konnten, etwa Kerzen, Seife, Glyzerin, Linoleum oder Margarine.[185] Der schon erwähnte Beginn der modernen Jagd auf Wale, der mit dem Einsatz der Explosionsharpune seit den späten 1860er Jahren anzusetzen ist, brachte dann eine rapide Abnahme aller Bestände. Das Wettrüsten, das dem Ersten Weltkrieg vorausging, verstärkte den Druck auf die Wale, weil man das Glyzerin, das beim Kochen von Walfischtran entsteht, für die Produktion von Nitroglyzerin benötigte.[186] Aus den größten Lebewesen entstanden dank ausgeklügelter Chemie Sprengstoffe – sowie Seifen, Schuhwichse, Schmierfett, Parfum und andere Produkte der chemischen Industrie.

Im Wal wurde eine Ressource gesehen, eine Ware, was ebenfalls in *Moby Dick* dargestellt ist, als Kapitän Ahab als Belohnung für denjenigen, der den weißen Wal zum ersten Mal sichtet, eine goldene Dublone an den Mast nagelt. Diese Perspektive dominierte nicht nur das 19. Jahrhundert, sondern noch das 20., was wohl am deutlichsten durch die Tatsache unterstrichen wird, dass die ausführlichste wissenschaftliche Publikation über Wale in deutscher Sprache im Jahre 1938 ausgerechnet in der Zeitschrift *Fette und Seifen* erschien. Sie geht in insgesamt 28 Beiträgen auf die moderne Technik des Walfangs ein, die chemische Struktur des Walöls und auf die Produkte, die man aus diesem herstellen kann, angefangen bei Seifen bis hin zum Lebertran. Der Wal wurde angesehen als ein schwimmender Schlauch, prall gefüllt mit kostbaren Rohstoffen.

Nachdem die Jagd auf die Wale während des Zweiten Weltkriegs etwas zurückging, wurde sie anschließend mit unverminderter Gewalt wieder aufgegriffen. Im Jahr 1900 gab es noch rund 150 000 bis 250 000 Blauwale im Südlichen Eismeer, 1989 waren noch etwa 500 am Leben. Der amerikanische Umwelthistoriker John F. Richards betont in seiner Geschichte des kommerziellen Walfangs, dass diese wenigen Überlebenden wahrscheinlich erhebliche psychische Langzeitschäden davontrugen, denn die großen Tiere hatten kaum natürliche Feinde, waren Verfolgung also nicht gewohnt: »Das Ausmaß der kollektiven und individuellen Traumatisierung, das die Walfänger den Überlebenden zugefügt haben – hochintelligente, hochgradig gesellige Tiere – kann nur vermutet werden.«[187]

Dass es heute noch immer Wale gibt, auch Blauwale und Pottwale, und dass 1982 ein internationales Moratorium für den kommerziellen Walfang beschlossen wurde, ist zwar zum Teil bestimmten politischen Konstellationen, vor allem aber der Tatsache zu verdanken, dass es gelang, in den Walen nicht nur Ressourcen, sondern *Subjekte* zu sehen, die gesellig leben, die einander in bestimmten Situationen helfen, die eine erstaunliche Intelligenz, ja sogar Musikalität haben, die unter Wasser einzigartige Choräle singen.

Dies wäre ohne die Meeresforscher, die ihr Leben dem Verstehen jener riesigen Meeressäuger verschrieben haben, nicht möglich gewesen. Dabei mussten zunächst – und dies ist typisch für die hermeneutischen Naturwissenschaften – eine ganze Reihe von fast unüberwindlichen Problemen durch technische Erfindungen überwunden werden. Der Wal lebt im Wasser, in einer Umwelt, die völlig anders ist als unsere. Sie schwankt im Wellengang, ist auf längere Distanzen optisch opak, zugleich akustisch transparent – Klänge werden leicht und sehr weit übertragen, oft mit Echos, die vom Meeresboden und von der Wasseroberfläche herrühren. Diese Umwelt hat keine Hindernisse, anders als die an Land, man bewegt sich schwebend, die Schwerkraft ist aufgehoben, dafür ist die Reibung des Wassers viel stärker als die Reibung der Luft, und der Druck, der aufgrund der Dichte des Wassers auf den Organismen lastet, wächst in der Tiefe sehr rasch an.[188]

Wer die Wale in ihrer Umwelt kennenlernen will, muss sich an diese Umwelt, die in vielem das Gegenteil der Umwelt an Land ist, anpassen; er muss zu ihnen hinabtauchen. Das geht nur mit erheblichem Einsatz von Technik, die ihrerseits auf einer Vielzahl von Erfindungen basiert. Das heute selbstverständliche Schwimmtauchen ist erst möglich, seit der Österreicher Hans Hass 1941 das erste Drucklufttauchgerät erfand, das später von Jean-Jacques Cousteau und dem Ingenieur Émile Gagnan weiterentwickelt wurde. Ohne das in Europa erst seit dem 19. Jahrhundert verfügbare Material Gummi wären weder moderne Meeresforschung noch moderner Tauchtourismus möglich, und unentbehrliches Accessoire jedes Tauchers ist die Ende des 19. Jahrhunderts erfundene Druckluftflasche. Auch moderne Unterwasserkameras, die unerlässlich sind für die Erforschung jener Tiere, die im Wasser leben, wurden von Hans Hass und Jean-Jacques Cousteau entwickelt.

Das Ohr schien für die Erkundung der Meereswelt zunächst weniger wichtig, da man unter Wasser vor allem Schweigen erwartete, jedoch auch weil das Hören als weniger objektiv gilt denn das Sehen und akustische Daten daher oft weniger eifrig gesammelt werden als visuelle.[189] Unterwassermikrofone, die es gestatten, die Klänge der Tiefe zu hören, wurden ursprünglich nicht aus biologischem Interesse entwickelt, sondern um feindliche U-Boote besser aufspüren zu können. Gleichwohl spielten sie bei der Erforschung der Wale bald eine entscheidende Rolle.

Denn der Grund für die ungeheure Popularität der Wale ist die Entdeckung der Walgesänge,[190] insbesondere der Buckelwale. Zwar waren diese Gesänge den Waljägern seit langem bekannt; so berichtet der Schriftsteller und Reisende Charles Nordhoff, dass die Buckelwale manchmal unter dem Boot abtauchen und dann ein trauriges Stöhnen ertönen lassen, unterbrochen von gurgelnden Lauten wie die eines Ertrinkenden.[191] Damit diese Laute jedoch auf die Laufbahn ihrer heutigen weltweiten kulturellen Wirkung gelangten, mussten sie zugänglicher werden – indem sie aufgenommen und gespeichert wurden. Hier kommt der Zufall ins Spiel: Der Ingenieur Frank Watlington war Anfang der 1950er Jahre im Dienst der US-Navy auf den Bermudas mit der Entwicklung von Unterwassermikrofonen beschäftigt, die eigentlich der Erkennung feindlicher U-Boote dienen sollten. Er fing dabei zufällig die Gesänge von Buckelwalen auf.[192] Seine Aufnahmen brachte er dem Forscherehepaar Payne zu Gehör. Beide waren sofort bezaubert von den vielfältigen Klängen. Katy Payne, die eine musikwissenschaftliche Ausbildung hatte, erkannte die Strophenstruktur der Klänge: nicht einfach nur Geräuschfolgen waren da zu hören, sondern tatsächlich musikalische Einheiten, Gesänge eben.[193] In ihrer merkwürdig modernen Mischung aus Chromatik und Perkussion, mit vielfältigen Echoeffekten, die durch den besonderen Klangraum des Meeres entstanden, konnten diese Gesänge bald von einem großen Auditorium vernommen werden.

1970 wurde die erste Langspielplatte mit *Songs of the Humpback Whale* gepresst, auf der neben anderen auch eine jener ersten Aufnahmen von Watlington zu hören war. Ihr Erfolg wurde noch übertroffen durch eine Ausgabe des *National Geographic*, in der zu den abgedruckten Artikeln über die Buckelwale auch Aufnahmen von Buckelwalgesängen beigelegt wurden. 10,5 Millionen Exemplare wurden weltweit verkauft.

Diese hatten eine enorme, auch kulturelle Wirkung. Walgesänge fanden schnell ihren Weg sowohl in die Popmusik wie auch in die Moderne Musik, bis hin zu Karlheinz Stockhausen, der die Walgesänge in eigene Kompositionen integrierte. Diese Klänge und ihre feierliche, chorale Aura übersprangen rasch die Grenzen der Wissenschaft und stärkten die Lobby der Walfreunde entscheidend. Tiere, die singen, ergreifen die Herzen der Menschen: eine Tatsache, denen schon die Vögel ihre herausgehobene Stellung in der Naturpolitik verdanken.

Aus den Forschungen der Walbiologen entwickelte sich ein rhetorisches Konstrukt, in dem Wale als »Menschen der Meere«, als »freundliche Riesen« porträtiert wurden;[194] aus den Merkmalen vieler einzelner Walarten wurde so etwas wie ein »Superwal«[195] entwickelt, der im Zentrum eines stark vermenschlichten Walbildes stand, mit dem die Walschützer für ihre Sache kämpften. Metonymisch, als Teil für das Ganze, steht der Wal für die bedrohte Natur selbst.

Zweifellos kann man dem kulturellen Walbild Züge von Verkitschung attestieren. Aber selbst der Kitsch und die ihm immanente Verniedlichung zeigen eine Haltung, die dem aggressiven Verhalten entgegengesetzt ist. Denn hier manifestiert sich eine Zärtlichkeit, die das Objekt nicht destruktiv zerstören, sondern schonen und behüten will. Bei aller Verfremdung ist das politisch mobilisierte Walbild aus den naturhermeneutischen Forschungen hervorgegangen, die sich der Kultur der Wale widmeten, und bezieht daraus seine Relevanz und Überzeugungskraft.

Niklas Luhmann beschreibt in seinem gesellschaftstheoretischen Hauptwerk, dass die moderne Gesellschaft eine eigentümliche Vorliebe für quantitative Kommunikationen habe,[196] und mit Blick auf die enorme kulturelle und politische Bedeutung der Keeling-Kurve, der CO_2-

Konzentrationsmessung also, ist man geneigt, ihm beizupflichten.

Zugleich hat die moderne Gesellschaft jedoch auch ein hohes Interesse an Bildern und an Geschichten, wie die Walpolitik zeigt. Diese Bilder und Geschichten sind in der Politik natürlich ebenso verfremdet wie die Kurven der Klimaforscher in der öffentlichen Kommunikation über den ›Klimakollaps‹. Gleichwohl aber stammen sie aus der Wissenschaft, nur in diesem Fall eben nicht aus einer messenden, quantitativen Naturwissenschaft, sondern aus einer hermeneutischen Naturwissenschaft, die es sich zur Aufgabe gemacht hat, die Subjektivität der Meeressäuger herauszuarbeiten. Auch wenn man immer wieder vor allzu großer Vermenschlichung warnen muss und nicht weniges, was über die Wale geschrieben, gedichtet und gemalt wurde, unbedenklich dem Naturkitsch zugeordnet werden kann, wird doch andererseits die Möglichkeit eines emotionalen Naturbezugs eröffnet[197], der für jegliche wirksame Naturpolitik, die Anhänger mobilisieren muss, unentbehrlich ist.

Nicht alle Wale singen, und die, welche es tun, sind nicht gleich fantasievoll in der musikalischen Ausgestaltung ihrer Gesänge. Am eindrucksvollsten sind wohl die Gesänge der Buckelwale, die für viele Menschen weltweit ein faszinierendes ästhetisches Erlebnis darstellen. Eben die

Entdeckung und Aufzeichnung dieser Gesänge trug neben verschiedenen anderen Alleinstellungsmerkmalen dieser Tiere wesentlich dazu bei, den Walen eine starke Lobby zu verschaffen, die durch eine emotionale Bindung stabil war.

Bei dem 1979 stattfindenden Treffen der International Whaling Commission tauchte während der öffentlichen Anhörung der Folksänger John Denver auf, packte seine Gitarre aus und sang den Song »I want to live«. Denver fragte: »Habt ihr das Lied des Buckelwals gehört, 500 Meilen weit entfernt? Das alte Geschichten von Reisen und Zuhause erzählt.« – Die Zuhörer applaudierten, außer den japanischen Delegierten, wie eine Zeitung berichtete, da diese als Walfangbefürworter wenig von der Idee hielten, dass ein Wal ein Heim hat und gerne singt.[198] Zwischen 1976 und 1982 sank die Macht der Pro-Walfang-Nationen in der International Whaling Commission stetig.

Durch den Akt des Verstehens der Tiere und die gewaltfreie Annäherung war eine neue ökologische und kulturelle Beziehung entstanden. Es bildete sich ein Bündnis für die Wale in der Menschenwelt, welches die Macht hatte, die Jagd auf diese Tiere aufzuhalten und ihr Aussterben zu verhindern.

Viele Menschen haben am Beispiel der Wale erkannt, dass ein neues Naturverhältnis möglich ist. Die Walforschung ist eine verstehende Naturwissenschaft, die nicht nur eindrucksvolle Resultate vorweisen kann, sondern die einen der bedeutendsten naturpolitischen Erfolge des zwanzigsten Jahrhunderts ermöglicht hat. Hans Georg Gadamer hat immer betont, dass die Hermeneutik nicht in erster Linie eine wissenschaftliche Methodik ist, sondern die Voraussetzung für humanes, kultiviertes Zusammenleben.[199] Sie steht in engem Zusammenhang mit der Bildung, die in ihrer klassischen Gestalt wesentlich eine hermeneutische, sprachliche Bildung ist. Wer gebildet ist, der sollte in der Lage sein, nicht nur seinen Mitmenschen mehr Gerechtigkeit widerfahren zu lassen, sondern auch kulturelle Hervorbringungen anderer Völker und anderer Zeiten aus ihrer eigenen Perspektive heraus zu verstehen und zu schätzen. Bildung befähigt oder soll befähigen, vom eigenen, partikularen Standpunkt abzusehen und den Standpunkt des anderen in den Blick zu nehmen.[200] Die hermeneutischen Naturwissenschaften erweitern diese kulturelle Bildung zu einer *ökologischen Bildung*, die auch um die Perspektiven nichtmenschlicher Lebewesen weiß. Der ökologisch gebildete Mensch bemüht sich nicht nur um ein Verständnis von Menschen und Menschenwerk anderer Kulturen und anderer Zeiten, er hält sich auch offen für ein Verständnis der nichtmenschlichen

Lebewesen. Es geht bei der ökologischen Bildung nicht nur um eine Kenntnis ökologischer Fakten und Probleme, sondern darum, sich berühren zu lassen von den Schicksalen, dem Fühlen und Leiden, Leben und Sterben nichtmenschlicher Geschöpfe.

Im Fall der Wale waren die Bemühungen, diese Tiere zu verstehen, nicht nur überraschend erfolgreich und führten zu ungeahnten Entdeckungen; sie wirkten auch auf den Zeitgeist. Dadurch entfalteten sie politische Macht; zunächst in den USA, die 1972 den *Marine Mammal Protection Act* verabschiedeten.[201] Bald erhöhte sich der Druck auch auf andere Walfangnationen, und seit 1986 gilt weltweit ein bereits 1982 beschlossenes Walfang-Moratorium, das im Ganzen wirksam ist, auch wenn sich nicht alle Länder daran halten.[202]

Die Wale sind – vorläufig – gerettet.

Und es war sicher nicht die wirtschaftliche Vernunft, die die Rettung ermöglichte. Auch wenn die Walfänger schnell erkannten, dass sie dabei waren, die Gans, die ihnen goldene Eier legt, zu schlachten, auch wenn es bereits in den 1930er Jahren Bemühungen um den Walschutz gab,[203] die rein wirtschaftlich motiviert waren, wären die großen Wale zweifellos, soweit sie nur als *Objekte* wirtschaftlicher Verwertung in Betracht gekommen wären, heute ausgerottet.

Denn Wale sind eine Ressource, die sich zu langsam regeneriert. Zu langsam jedenfalls gemessen an den Zyklen der Verzinsung von eingesetztem Kapital. Wirtschaftlicher Vernunft hätte entsprochen, die Tiere so schnell wie möglich zu Geld zu machen und die Einnahmen daraus in etwas zu investieren, das rasch hohe Renditen abwirft, Aktien zum Beispiel.[204] Erst als *Subjekte* wurden sie kulturell bedeutsam, und es entstand hinreichend politische Macht, um ihrer Vernichtung Einhalt zu gebieten.

So tragen also die hermeneutischen Naturwissenschaften[205] dazu bei, die aus der Angst erwachsene Feindschaft oder die Gleichgültigkeit gegenüber Wildtieren zu mindern und zu versuchen, sie in Freundschaft, vielleicht sogar in Liebe umzuwandeln. Dabei wird oft eine Allianz mit Massenmedien, insbesondere mit audiovisuellen Medien gesucht, wie die Biografien von Jean-Jacques Cousteau[206] oder auch Bernhard Grzimek zeigen. Wale aus der Nähe zu beobachten ist heute nicht mehr nur ein Privileg von einigen wenigen Forschern – vielerorts wird heute die Walbeobachtung als Touristenattraktion angeboten.[207] Das Verdienst der Meeresbiologen liegt also darin, dass gegenüber einer Gruppe von Tieren die zuvor herrschende Routine eines aggressiven und destruktiven Verhaltens wirksam gebrochen wird. Die Tiere werden nicht mehr als bloße Ressourcen angesehen, aus denen man Substanzen herauskochen kann, die auf dem Weltmarkt teuer zu verkaufen sind. Stattdessen wird ein zugewandtes Verhalten eingeübt. Das zuvor Furchterregende wird zu einer Gelegenheit, Erhabenheit zu erfahren. Die Tiere ihrerseits verlernen ihre Angst vor den Menschen und lassen mehr Nähe zu. Die ökologische Abwärtsspirale wird aufgehalten.

Nicht nur bei den Walen ist der Erfolg bedeutend. Auch die Fledermäuse konnten durch die moderne Forschung vom bedrohlichen Teufels- und Todestier, das in der Finsternis unterwegs ist, zu einem schützenswerten, mit einer hochinteressanten Echolokalisation arbeitenden Wesen umgedeutet werden.[208] Der Frosch ist, zumindest in Europa, nicht länger der böse Teufelsfrosch, der den Tod verdient, sondern der schützenswerte Ökofrosch[209], der in Gestalt des tropischen Rotaugenlaubfroschs (*Agalychnis callidryas*) sehr viele Umwelt- und Nachhaltigkeitsbroschüren ziert. Auch Tiger, Löwe und Schlange sowie etliche weitere ehemals Bestien genannte Tiere sind heute, zumindest im Westen, schutzwürdige Subjekte, *charismatic species*, wie die Naturschützer sagen.

Nur beim Hai, dem Monster schlechthin, wurden bislang eher geringe Erfolge erzielt, trotz etlicher Bemühungen, ein neues Bild von ihm in Umlauf zu bringen.[210] Er gilt als Menschenfresser, seit 1975 der Film *Der weiße Hai* in die Kinos kam.[211] Der Schriftsteller Peter Benchley, der mit seinem Roman *Jaws* die Vorlage für Spielbergs Film geliefert hatte, bereute später, dass er die Tiere als Killermaschinen dargestellt hatte. Er verfasste weitere, in der Wirkungsabsicht völlig entgegengesetzte Werke über Haie, die diese in einem positiveren Licht und näher an der ökologischen Wahrheit zeigten, hatte mit diesen Büchern aber weitaus weniger Erfolg.

Neben den hermeneutischen Naturwissenschaften, die einen Zugang zur Subjektivität der Tiere und damit einen methodisch kontrollierten Zugang zum Miterleben, Mitfühlen und Mitleiden eröffnen, scheint mir die Institution der *Nationalparks* besonders wichtig. Was die hermeneutischen Naturwissenschaften von innen her fördern – einen neuen Bezug zu Wildtieren – das fördern die Nationalparks, indem die äußeren Verhältnisse, in denen sich Mensch und Tier begegnen, verändert werden.

Nationalparks wurden erstmals 1870 in Nordamerika eingerichtet. Bald erwies sich das Konzept als sehr erfolgreich und kulturell bedeutsam; es wurde rasch auch in anderen Ländern übernommen. Die Idee dieser Parks ist die Einrichtung von Zonen, in denen der Mensch nicht eingreift, sondern nur Besucher ist. Er ist, wie es Aldo Leopold formulierte, nur noch ein einfaches Mitglied der natürlichen Gemeinschaft, nicht mehr deren Eroberer. Dies impliziert Respekt für die anderen Mitglieder und auch Respekt für die autonome Gemeinschaft als solche.[212] In einem bestimmten Gebiet akzeptieren die Menschen die Souveränität der Natur[213] und beschränken sich auf die Rolle des beobachtenden Gastes, der eine Zeit lang bleibt, sich aber nicht ansiedelt.

Es ist ein bedeutender Effekt der Einrichtung von Nationalparks mit absolutem Interventionsverbot, dass sich in ihnen die Wildtiere dem Menschen gegenüber deutlich entspannter verhalten, fast so wie auf den eingangs erwähnten Inseln vor Ankunft der Europäer. Aus Nationalparks in Afrika und Amerika wird dies von europäischen Naturfreunden immer wieder begeistert berichtet. Besucher machen dort die Erfahrung, dass man sich den Tieren wesentlich besser nähern kann bzw. dass auch die Tiere den Menschen deutlich näher kommen. Die Entfremdung zwischen Mensch und Natur wird spürbar gemindert. Der Ornithologe Helmut Brücher schreibt, dass er in einem afrikanischen Nationalpark an einen auf einem Baum sitzenden Adler bis auf zwei Meter ohne Probleme herankam, »zur Adlerbeobachtung [muss ich mich in Deutschland] in nato-oliv kleiden, mein

Fernglas für 1.500 Euro umschnallen und das Fernrohr für 2.500 Euro nicht vergessen«.[214] In den europäischen Nationalparks ist der sogenannte Nationalparkeffekt nicht so ausgeprägt, weil hier, was die Kollegen aus Afrika kritisieren, eben doch intensiv gejagt wird. Und auch gejagt werden muss, weil die größeren Beutegreifer wie Bär, Luchs und Wolf aus deutschen Wäldern verschwunden sind. So gute Gründe es für das Jagen gibt, die Jagd schmälert die positiven Effekte der Nationalparks. Immerhin werden vielerorts relativ schonende Jagdmethoden eingesetzt. Denn Jagd ist nicht gleich Jagd. Man kann so jagen, dass der Schrecken der Tiere maximiert wird. Im Bereich militärischer Operationen und im Bereich der Herrschaftssicherung ist das demonstrative Töten oft gezielte Strategie; die Politik des Schreckens spielte etwa bei der *Conquista*, bei der Eroberung Amerikas, von Beginn an eine zentrale Rolle, sollte doch den Indianern bei der bloßen Nennung des Wortes »Christen« das »Fleisch am Leibe zittern«.[215] Den Wildtieren zittert ebenfalls das »Fleisch am Leibe«, wenn sie Menschen nur von fern sehen.

Jagdverbote für einzelne Arten wie etwa die Rohrweihe haben nicht nur den positiven Effekt, dass die Tiere am Leben bleiben, sie nehmen den Tieren auch die Angst oder reduzieren sie zumindest. Dies ist nicht nur ein innerlicher Aspekt, sondern hat ökologische Konsequenzen, die für den Naturschutz wichtig sind. Denn zum einen vermehren sich Tiere, die unter chronischer Angst stehen, wie experimentelle Studien für viele Tiergruppen nachgewiesen haben, deutlich weniger als angstfreie Vergleichsgruppen.[216] Und umgekehrt können Tiere, die keine chronische Angst vor übermächtigen Feinden haben, mehr Habitate besetzen, sie können den Raum besser nutzen, sie können neue, näher an Menschen gelegene Reviere besetzen.[217] Sie erhalten somit die Chance, sich in Gegenden auszubreiten, in denen Menschen unterwegs sind. Sie lernen, dass auch in einer von Menschen dominierten Umwelt Platz für sie ist. Jagdverbote in bestimmten Revieren, insbesondere in den Kernzonen von Nationalparks, zeigen, dass dort Wildtiere allmählich zutraulicher werden.[218]

Und wo Jagdverbote nicht durchsetzbar und vielleicht auch nicht sinnvoll sind, kann doch auf andere Weise gejagt werden. Eine Konzentration der Jagd auf wenige Herbsttage im Jahr, wie sie etwa im Schönbuch, dem baden-württembergischen Nationalpark, betrieben wird, zeigt positive Effekte, weil das Wild weniger scheu gemacht wird. Solche modernen Jagdmethoden, die zwar töten, aber den Schrecken minimieren, könnten auch außerhalb der Nationalparke zum Zuge kommen.

Wäre es nicht richtiger, so kann man fragen, die Jagd ganz zu verbieten? Würde nicht erst damit eine jahrtausendelange Feindschaft, unter der sowohl Tiere wie auch Menschen leiden, ausgesöhnt? Hätten wir nicht erst dann die Aussicht, Vögeln und Säugetieren viel entspannter zu begegnen?

Umsetzbar wäre selbst ein regionaler Verzicht auf die Jagd nur dann, wenn Ersatz geschaffen würde, wenn also das bewaffnete Raubtier Jäger ersetzt würde durch bepelzte Raubtiere, weil sonst etwa die Rehe so sehr überhandnähmen, dass dem Wald Schaden zugefügt würde. Wer keine Jäger will, muss Ersatz schaffen, etwa durch die Wiedereingliederung großer Beutegreifer wie Wolf, Luchs oder Bär. Sicherlich eine ökologisch sinnvolle Maßnahme!

Aber was hilft es, wenn man den Jäger abschafft, vor dem die Tiere Angst haben, und dafür den Wolf einführt, vor dem sie ebenfalls Angst haben? Wo ist der Unterschied?

Es geht, nochmals sei es betont, nicht darum, eine angstfreie Natur zu schaffen, denn Angst ist ein biologisches Urphänomen. Wir haben aber die Möglichkeit, die *chronische* Angst der Wildtiere *vor den Menschen* einzudämmen. Wir können und sollten Verhältnisse schaffen, in denen Vertrauen zwischen Menschen und Tieren wachsen kann, Vertrauen, das einerseits emotional bewegende, bereichernde und beglückende Begegnungen mit Wildtieren in der Natur ermöglicht und Tiefe und Dichte des Naturerlebens steigert und andererseits für das Leben und Überleben der Tiere in einer menschengeprägten Welt wichtig ist, weil Tiere, deren Angst vor den Menschen gemindert wurde, auch menschennahe Habitate besiedeln können.

Martin Heidegger hat in seiner Analyse der Angst deren grundlegende Bedeutung für ein Verständnis des Menschen hervorgehoben. Die Angst ist, so bemerkt er, nicht nur eine Befindlichkeit neben anderen. Mehrfach betont er den *Erschließungscharakter* der Angst: wenn man dieser Befindlichkeit nachgeht, statt sie zu unterdrücken oder zu leugnen, stößt man auf fundamentale Zusammenhänge. Das gilt bereits auf der Ebene unserer normalen Lebenserfahrung, denn wenn wir auf unsere Ängste zugehen, statt sie zu verdrängen, können wir wachsen. Aber auch auf wissenschaftlicher Ebene eröffnet die Angst wichtige Erkenntnisse, nicht nur in der Philosophie, sondern auch in der Biologie und besonders der Ökologie. Die Betrachtung der Angst im Tierreich ist anschlussfähig an die Analysen Heideggers und zeigt, dass seine eingehende Beschäftigung mit gerade diesem Gefühl keineswegs nur auf einer zeitgeistbedingten

Vorliebe für Düsteres beruht. Heideggers These ist überzeugend, dass die Angst ein fundamentales Phänomen des Menschseins ist. Sie ist nicht nur anthropologisch zentral, sondern auch biologisch. Deshalb lässt sich am Leitfaden der Angst nicht nur ein neues Verständnis des Menschen, sondern auch ein neues Verständnis der Tiere und der Ökologie gewinnen.

Dank

Einige Gedanken, die in diesem Essay formuliert sind, wurden in einem kürzeren Text mit dem Titel *Im Funktionskreis des Feindes* erstmals 2017 im Heft 814 der Zeitschrift *Merkur* veröffentlicht. Einzelne Passagen sind aus diesem Text übernommen.

Ich konnte meine Überlegungen im Sommersemester 2017 an der Universität Augsburg mit den Teilnehmern des Seminars *Natur und Subjektivität* diskutieren, wobei vieles an Kontur gewonnen hat. Besonders bedanken möchte ich mich bei Uwe Voigt, mit dem ich seit mehreren Jahren gemeinsam über Natur- und Umweltphilosophie nachdenke. Von seinen kritischen Fragen und weiterführenden Gedanken habe ich sehr viel gelernt, so stammt etwa die Formulierung ›die Angst ist die Innenseite des Anthropozäns‹ von ihm. Auch Peter Kolb danke ich für Anregungen und Kritik. Sean McGrath von der Memorial University of Newfoundland hat mir im Anschluss an einen Vortrag im Dezember 2016 sehr hilfreiche Hinweise gegeben. Der Amerikanist Hubert Zapf, mit dem ich seit langem über ökologische Themen diskutiere, machte mich auf die Naturthematik in Melvilles *Moby Dick* aufmerksam, die er in seinen Büchern detailliert herausgearbeitet hat. Seine Gedanken wurden für meine Überlegungen sehr wichtig. Christian Tausch, der Leiter der Naturschutzabteilung des Bayerischen Landesamtes für Umwelt, wies mich auf neuere Statistiken zum Insektensterben hin; und auch sonst haben mir die Fachleute des LfU mit vielen aktuellen Informationen sehr geholfen. Der Entomologe, Forstwissenschaftler und frühere Jäger Hans Mühle hat meine Gedanken von Beginn an mit Kommentaren, Einwänden und Beispielen gefördert. Auch auf einer Tagung der Deutschen Gesellschaft für Humanökologie im Mai 2017 konnte ich die Ideen vorstellen; von den kritischen Kommentaren, insbesondere von Felix Tretter und Wolfgang Haber, habe ich sehr profitiert.

Um ein Buch über die Ökologie der Angst zu schreiben, das die Grenzen vertrauter Disziplinen überschreitet, braucht es Mut und ein wenig Leichtsinn: *Grazie, mia cara, non solo per aver letto il manoscritto, non solo per tutti i tuoi consigli – grazie per ispirami, per avermi incoraggiato.*

Anmerkungen

1 Haeckel 1866, S. 286 f.
2 Hartlaub 1951, S. 14–19.
3 Rombach 1988, S. 26 f.
4 Dumas, Boussingault 1844, S. 5.
5 Dumas, Boussingault, S. 6.
6 Justus von Liebig 1876, S. 47.
7 Auf der vorletzten Seite der Schrift über die Entstehung der Alpen unterscheidet Eduard Suess erstmals »eine selbständige Biosphäre« von der Lithosphäre, der Hydrosphäre und der Atmosphäre, vgl. Suess 1875, S. 159. Zur Geschichte des Konzepts der Biosphäre siehe Deléage 1991, S. 197–221, bzw. Huggett 1999.
8 Vgl. Plumwood 2012.
9 Fant 1995, S. 313.
10 Uexküll 1970, S. 158.
11 Vgl. Rink, Wächter, Potthast 2004.
12 Rink, Wächter, Potthast 2004, S. 26.
13 Vogt 1971, S. 59.
14 Lorenz 1971, S. 360.
15 Lorenz 1971, S. 359.
16 Lorenz 1971, S. 359.
17 Hediger 1990, S. 414.
18 Hediger 1990, S. 414.
19 Vgl. Brown, Laundré, Gurung 1999.
20 Hediger 1979, S. 112.
21 Hediger 1979, S. 62 f.

22 Hediger 1979, S. 63.
23 Vgl. Clinchy et al. 2013.
24 McNeill 2003, S. 44–64.
25 Smil 2002, S. 240.
26 Vgl. Baier 2017.
27 Smil 2002, S. 186.
28 Vgl. Ehrlich, Ehrlich 2008.
29 Hediger 1934, S. 21.
30 Hediger 1979, S. 117.
31 Clinchy et al. S. 58–61.
32 Friederici 1925, S. 190 f.
33 Friederici 1925, S. 191.
34 Friederici 1925, S. 191.
35 Burton 1931, S. 35 f.
36 Schillings 1905, S. 12.
37 Schillings 1905, S. 510.
38 Burton 1931, S. 38 (Übers. d. A.).
39 Burton 1931, S. 39 (Übers. d. A.).
40 Nagel 1974, S. 435.
41 Hediger 1984, S. 28.
42 Im Kontext dargestellt bei Ferry, Germé (Hg.) 1994, S. 8–156.
43 Rádl 1970, S. 438.
44 Darwin 1932, S. 78.
45 Darwin 1932, S. 79 und S. 83.
46 Hediger 1984, S. 38–61.
47 Hediger 1984, S. 48, S. 52 f. und S. 63–84.
48 Vgl. Meixner 2017, vgl. auch James 1931, S. 128–144.
49 Jonas 2011, S. 186.
50 Jonas 2011, S. 187.
51 Das illustriert eine moderne Einführung in die Ethologie, in der auf subjektives Erleben zwar immer wieder angespielt wird, dieses aber nirgends direkt thematisiert wird. Vgl. Kappeler 2012.

52 Clauberg 1658, S. 252 (Übers. d. A.).
53 Collingwood 1946, S. 302 (Übers. d. A.).
54 Collingwood 1946, S. 282.
55 Collingwood 1946, S. 213 (Übers. d. A.).
56 Collingwood 1946, S. 214 (Übers. d. A.).
57 Collingwood 1946, S. 216.
58 Detel 2011, S. 359–369.
59 Detel 2011, S. 331.
60 Kappeler 2012, S. 26–32 und S. 90–95, und passim, zur Kritik vgl. schon Hediger 1979, S. 109 f.
61 Vgl. etwa Menzel, Eckoldt 2016.
62 Clinchy et al. 2012, S. 58, vgl. auch den Review von Boissy 1995.
63 Vgl. z. B. Laland, Galef 2009.
64 Vgl. Matsuzawa, McGrew 2008.
65 Vgl. Tarde 2009.
66 Whitehead, Rendell 2015, S. 2.
67 Vgl. Soentgen, Hilbert 2012.
68 Whitehead, Rendell 2015, S. 76.
69 Hediger 1984, S. 34–37.
70 Heidegger 1993, S. 140 (§30).
71 Heidegger 1993, S. 140 (§30).
72 Heidegger 1993, S. 141.
73 Heidegger 1993, S. 142.
74 Heidegger 1993, S. 142.
75 Heidegger 1993, S. 184–191.
76 Heidegger 1993, S. 187.
77 Heidegger 1993, S. 188.
78 Heidegger 1993, S. 188.
79 Heidegger 1993, S. 189.
80 Schmitz 1964, S. 175.
81 Schmitz 1964, S. 195.
82 Schmitz 1964, S. 197.
83 Lipps 1977, S. 105.

84 Zur Unterscheidung von Angst und Furcht in der Psychoanalyse vgl. Dehne 2017, S. 30–32.
85 Wandruszka 1950, S. 50.
86 Schmitz 1964, S. 182 f.
87 Cannon 1975, S. 133 ff.
88 Wandruszka 1950, S. 13.
89 Wandruszka 1950, S. 36.
90 Wandruszka 1950, S. 36.
91 Dehne 2017, S. 172.
92 Laundré et al. 2010, S. 2.
93 Grandin 2006, S. 189.
94 Le Roy 1807, S. 11.
95 Le Roy 1807, S. 13 f.
96 Le Roy 1807, S. 14.
97 Le Roy 1807, S. 17.
98 Vgl. Bretscher 1906.
99 Vgl. Hediger 1934, 1979.
100 Von Uexküll 1973, S. 152.
101 Hediger 1979, S. 116.
102 Hediger 1961, S. 119.
103 Dehne 2017, S. 173.
104 Schjelderup-Ebbe 1921, S. 40.
105 Hediger 1979, S. 114.
106 Hediger 1979, S. 125.
107 Hediger 1979, S. 128.
108 Hediger 1984, S. 27.
109 Vgl. Laundré et al. 2010.
110 Hediger 1979, S. 131 mit weiteren Belegen.
111 Jonas 2011, S. 192.
112 Jonas 2011, S. 192.
113 Heidegger 1993, S. 141.
114 Bonneuil, Fressoz 2013, S. 141–172.
115 Canetti 1981, S. 249.
116 Thaler 2016, S. 40, vgl. ebenda, S. 42 f.

117 Vgl. Friederici 1925, S. 385–579.
118 Helwig 1952, S. 6.
119 Loss et al. 2014.
120 Vgl. Dean 1997.
121 Dean 1997, S. 156 f.
122 Schröder 1985, S. 247.
123 Persönliche Information von Lucas Clawson, DuPont / Hagleys, Delaware, USA, Juli 2017.
124 Müller 1936, S. 37.
125 Müller 1936, S. 38.
126 Müller 1936, S. 38.
127 A. v. Humboldt, 1819, S. 548, (Übers. d. A.); vgl. Soentgen, Hilbert 2012.
128 Vgl. Brehm 1865, S. 146 f.
129 Rinella 2009, S. 158–183.
130 Brehm 1865, S. 208.
131 von Berlepsch 1929, S. 28 f., vgl. auch Soentgen 2016.
132 von Berlepsch 1929, S. 32 f.
133 Vgl. Krüger 2016.
134 Groehler 1978, S. 132 f., S. 184–189; vgl. auch Tucker 2006, S. 24–83.
135 Vgl. Bonneuil, Fressoz 2013, 146–148.
136 Ehrlich und Ehrlich 2008, S. 49 f.
137 McNeill 2003, S. 279.
138 McNeill 2003, S. 279 f.
139 Zum Insektensterben und den kulturellen Reaktionen darauf siehe Malkmus 2018.
140 McNeill 2003, S. 280; vgl. für eine regionale Studie Pfeuffer 2017.
141 Kunz 2004, S. 17, vgl. zur Etymologie auch Seidmann 1966.
142 Ehrlich, Ehrlich 2008, S. 207–233.
143 Kunz 2004, S. 134 f.

144 Kunz 2004, S. 145.
145 Kunz 2004, S. 147.
146 von Neurath 1931, S. 118.
147 Salten 1927, S. 49.
148 Salten 1923, S. 78.
149 Zum sozialen Lernen auch von Furcht vgl. Galep, Laland 2005 sowie den Review-Artikel von Gariépy et al.
150 Vgl. auch das Konzept der *Landscapes of Fear*, Laundré et al. 2010.
151 Preisser et al., S. 501.
152 Schjelderup-Ebbe 1921, S. 41.
153 Hediger 1979, S. 118.
154 Klausnitzer 1989, S. 25–31.
155 Fortey 2003, S. 348–354, S. 410.
156 Brehm 1864, S. 193.
157 Brehm 1864, S. 194.
158 Burkert 1997, S. 20–27; Kelsen 1982, S. 72–87.
159 Canetti 1980, S. 224.
160 Canetti 1980, S. 231.
161 Burkert 1997, S. 24.
162 Vgl. Hart, Sussman 2008.
163 Vgl. die Zahlen bei Burton 1931, S. 140.
164 Burton 1931, S. 7 und S. 105.
165 Vgl. von Kittlitz 2016.
166 Vgl. Skomal 2016, S. 83–95.
167 Hediger 1979, S. 141.
168 Vgl. Reading et al. 2010.
169 Meyer 2006, S. 15.
170 Vgl. Dinerstein et al. 2007.
171 Luhmann 1988, S. 239.
172 Hediger 1979, S. 133.
173 Adorno 1966, S. 190.
174 Stosch 1770, S. 264.

175 Stosch 1770, S. 265.
176 Rosenberger 2015, S. 219–223.
177 Meyer 2006, S. 4.
178 Kinji 2002, S. 21 f.
179 Mit vielen konkreten Beispielen Meyer 2006, S. 37–72.
180 Meyer 2006, S. 38.
181 Vgl. zu vormodernen Naturvorstellungen die immer noch lesenswerte Studie von Kelsen 1982.
182 Grandin, Johnson 2005, S. 189–195.
183 Grandin, Johnson 2005, S. 190.
184 Zapf 2002, S. 93–112.
185 McNeill 2003, S. 258.
186 McNeill 2003, S. 258.
187 Richards 2014, S. 154.
188 Whitehead, Rendell 2015, S. 53–57.
189 Vgl. Soentgen 2006.
190 Rothenberg 2008, S. 17.
191 Nordhoff 1895, S. 202.
192 Vgl. Payne 2008.
193 Whitehead, Rendell 2015, S. 76–84, vgl. auch Rothenberg 2008.
194 Kalland 2009, S. 28–46.
195 Kalland 2009, S. 29.
196 Luhmann 1998, S. 1099.
197 Milton 2002, S. 81–83.
198 Dorsey 2013, S. 243.
199 Vgl. Detel 2011, S. 359–369.
200 Gadamer 1965, S. 7–16.
201 Ellis 1999, S. 439.
202 McNeill 2003, S. 259.
203 McNeill 2003, S. 259.
204 McNeill 2003, S. 260.

205 Und nicht nur sie, auch eine der Natur zugewandte Literatur ermöglicht Annäherungen, vgl. Malkmus 2018.

206 Z. B. Schubert 2011.

207 Ellis 1999, S. 457–463.

208 Vgl. Griffin 1960.

209 Vgl. Hüppauf 2011.

210 Vgl. Hass, Eibl-Eibesfeld 1991, S. 1–19.

211 Schubert 2011, S. 125.

212 Leopold 2013, S. 173.

213 Donaldson, Kymlicka 2011, S. 156–209.

214 Brücher 2005, S. 43.

215 Las Casas 1875, S. 48, vgl. Friederici 1925, S. 544–579.

216 Clinchy 2013, S. 58–61.

217 Bode, Emmert 2000, S. 257.

218 Bode, Emmert 2000, S. 256.

Literatur

Theodor W. Adorno, *Negative Dialektik*, Frankfurt am Main 1966.

Aristoteles, *Rhetorik*. Übersetzt, mit einer Bibliographie, Erläuterungen und einem Nachwort von Franz G. Sieveke, München 1989.

Tina Baier, »Gibt es ein Insektensterben in Deutschland?«, in: *Süddeutsche Zeitung*, 7. August 2017.

Bennett G. Galef jr., Kevin N. Laland, »Social Learning in Animals: Empirical Studies and Theoretical Models«, in: *Bioscience* 489, June 2005, Vol. 55, No. 6, S. 489–499.

Sittich Hans Freiherr von Berlepsch, *Der gesamte Vogelschutz*, Neudamm 1929.

Wilhelm Bode, Elisabeth Emmert, *Jagdwende. Vom Edelhobby zum ökologischen Handwerk*, München 1998.

Alain Boissy, »Fear and Fearfulness in Animals«, in: *The Quarterly Review of Biology*, Vol. 70, No. 2, 1995, S. 165–191.

Christophe Bonneuil, Jean-Baptiste Fressoz, *L'évenement anthropocène. La terre, l'histoire et nous*, Paris 2013.

Jean-Claude Bourdin, »L'Anthropomorphisme de Charles Georges Leroy Chasseur et Philosophe«, in: *Dix-Huitième Siècle*, No. 42, 2010, S. 353–366.

Rainer Brämer, *Natur obskur. Wie Jugendliche heute Natur erfahren*, München 2006.

Alfred Brehm, *A. E. Brehm's Illustriertes Thierleben.* Erster Band, Hildburghausen 1864.

Alfred Brehm, *A. E. Brehm's Illustriertes Thierleben.* Zweiter Band. Hildburghausen 1865.

Konrad Bretscher, *Zur Geschichte des Wolfes in der Schweiz.* Neujahrsblatt, herausgegeben von der Naturforschenden Gesellschaft auf das Jahr 1906, 108. Stück. Zürich: In Kommission bei Fäsi und Beer.

Joel S. Brown, John Laundré, Mahesch Gurung, »The ecology of fear: optimal foraging, game theory and trophic interactions«, in: *Journal of Mammalogy*, 80, S. 385–399.

Helmut Brücher, »Warum ist Wild wild – ist Scheuheit natürlich oder antrainiert? Stören Nationalparkbesucher Wildtiere?«, in: Natur- und Umweltschutz-Akademie des Landes Nordrhein-Westfalen (NUA), Heft 15, Recklinghausen 2005 (Selbstverlag).

Walter Burkert, *Homo Necans. Interpretationen altgriechischer Opferriten und Mythen*, Berlin, New York 1997.

R. G. Burton, *A Book of Man-Eaters*, London 1931.

Walter B. Cannon, *Wut, Hunger, Angst und Schmerz. Eine Physiologie der Emotionen*, München, Berlin, Wien 1975.

Edouard Claparède, »Tierpsychologie«, in: *Handwörterbuch der Naturwissenschaften*, Neunter Band. Selenologie – Transformatoren, Hg. von E. Korschelt u. a., Jena, 1913, Sp. 1187–1204.

Johannes Clauberg, *Logica vetus et nova*, Editio secunda, Amsterdam 1658.

Michael Clinchy, Michael J. Sheriff, Liana Y. Zanette, »Predator-induced stress and the ecology of fear«, in: *Functional Ecology* 2013, 27, S. 56–65.

Andrew Darby, *Harpoon. Into the Heart of Whaling*, Cambridge 2008.

Charles Darwin, *Die Abstammung des Menschen*, Leipzig 1932.

Warren Dean, *A Ferro e Fogo. A história e a devastação da Mata Atlântica brasileira*, São Paulo 1997.

Max Dehne, *Soziologie der Angst. Konzeptuelle Grundlagen, soziale Bedingungen und empirische Analysen*, Wiesbaden 2017.

Jean-Paul Deléage, *Une histoire de l'écologie*, Paris 1991.

Wolfgang Detel, *Geist und Verstehen. Historische Grundlagen einer modernen Hermeneutik*, Frankfurt am Main 2011.

Eric Dinerstein u. a., »The Fate of Wild Tigers«, in: *BioScience*, June 2007, Vol. 57 No. 6, S. 508–514.

Kurkpatrick Dorsey, *Whales and Nations. Environmental Diplomacy on the High Seas*, Seattle, London 2013.

Jean-Baptiste Dumas, Jean-Baptiste Boussignault, *Essai de Statique Chimique des Êtres Organisés*, Paris 1844.

Paul Ralph Ehrlich, Anne H. Ehrlich, *The Dominant Animal. Human Evolution and Environment*, Washington, DC 2008.

Richard Ellis, *Men and Whales*, New York 1999.

Alfred Espinas, *Die thierischen Gesellschaften. Eine Vergleichend-Psychologische Untersuchung.* Nach der Vielfach Erweiterten Zweiten Auflage unter Mitwirkung des Verfassers, Deutsch herausgegeben von W. Schloesser, Braunschweig 1879.

Jürgen Falbe, Manfred Regitz, *Römpp Kompakt. Basislexikon Chemie*, Stuttgart 1999.

Kenne Fant, *Alfred Nobel. Idealist zwischen Wissenschaft und Wirtschaft*, Basel, Boston, Berlin 1995.

Luc Ferry, Claudine Germé (Hg.), *Des Animaux et des Hommes*, Paris 1994.

Richard Fortey, *Leben. Eine Biographie. Die ersten vier Milliarden Jahre*, München 2003.

Georg Friederici, *Der Charakter der Entdeckung und Eroberung Amerikas durch die Europäer*, Bd. 1, Stuttgart, Gotha 1925.

Hans-Georg Gadamer, *Wahrheit und Methode. Grundzüge einer philosophischen Hermeneutik*, Tübingen 1965.

Donald Stuart Garden, *Australia, New Zealand, and the Pacific. An environmental history*, Santa Barbara 2005.

Jean-Francois Gariépy u. a., »Social learning in humans and other animals«, in: *Frontiers in Neuroscience*, March 2014, Vol. 8, Article 58.

Temple Grandin, Catherine Johnson, *Animals in Translation. The Woman who thinks like a cow*, London u. a. 2006.

Donald R. Griffin, *Animal minds. Beyond cognition to consciousness*, Chicago 2001.

Donald R. Griffin, *Vom Echo zum Radar. Mit Schallwellen sehen. Echoes of Bats and Men*, München, Wien, Basel 1960.

Olaf Groehler, *Der lautlose Tod*, Berlin 1978.

Albert Grote, *Die Grundlagen einer Phänomenologie der Erkenntnis*, Hamburg 1972.

Ernst Haeckel, *Generelle Morphologie der Organismen.* Zweiter Band: Allgemeine Entwicklungsgeschichte der Organismen, Berlin 1866.

Donna Hart, Robert W. Sussman, *Man The Hunted.*

Primates, Predators and Human Evolution, Boulder, Colorado 2008.

Gustav F. Hartlaub, *Bewusstsein auf anderen Sternen? Ein kleiner Leitfaden durch die Menschheitsträume von den Planetenbewohnern*, München, Basel 1951.

Hans Hass, Irenäus Eibl-Eibesfeld, *Wie Haie wirklich sind*, München 1991.

Heini Hediger, »Zur Biologie und Psychologie der Flucht bei Tieren«, in: *Biologisches Zentralblatt*, Bd. 54, Jg. 1934, S. 21–40.

Heini Hediger, *Tierpsychologie im Zoo und im Zirkus*, Basel 1961.

Heini Hediger, *Beobachtungen zur Tierpsychologie im Zoo und im Zirkus* (= vollständig überarbeitete Auflage des Titels von 1961), Berlin 1979.

Heini Hediger, *Tiere verstehen. Erkenntnisse eines Tierpsychologen*, München 1984.

Heini Hediger, *Ein Leben mit Tieren. Im Zoo und in aller Welt*, Zürich 1990.

Martin Heidegger, *Sein und Zeit*, Tübingen 1993.

Werner Helwig, *Raubfischer in Hellas*, Frankfurt am Main 1952.

Richard John Huggett, »Ecosphere, Biosphere or Gaia? What to Call the Global Ecosystem«, in: *Global Ecology and Biogeography* 8 (1999), S. 425–431.

Alexander von Humboldt, *Voyage de Humboldt et Bonpland*, Première Partie, Relation Historique, Tome Second, Paris 1819 (Neudruck Stuttgart: F. A. Brockhaus; 1970).

Bernd Hüppauf, *Vom Frosch. Eine Kulturgeschichte zwischen Tierphilosophie und Ökologie*, Bielefeld 2011.

Hans Werner Ingensiep, Heike Baranzke, *Das Tier*, Stuttgart 2008.

Hans Werner Ingensiep, *Geschichte der Pflanzenseele. Philosophische und biologische Entwürfe von der Antike bis zur Gegenwart*, Stuttgart 2001.

William James, *The Principles of Psychology*, Vol. 1, New York 1931.

Hans Jonas, *Das Prinzip Leben*, Frankfurt am Main 2011.

Arne Kalland, *Unveiling the Whale. Discourses on Whales and Whaling*, New York, Oxford 2009.

Peter M. Kappeler, *Verhaltensbiologie*, Heidelberg u. a. 2012.

Verena Kast, *Wenn wir uns versöhnen*, Stuttgart 2005.

Hans Kelsen, *Vergeltung und Kausalität*, Wien, Köln, Graz 1982.

Imanishi Kinji, *Die Welt der Lebewesen*, München 2002 (verfasst 1940).

Alard von Kittlitz, »9 Menschen von Haien getötet – 100 Millionen Haie von Menschen getötet«, in: *Die ZEIT*, Nr. 37/2016.

Bernhard Klausnitzer, *Verstädterung von Tieren*, Lutherstadt Wittenberg 1989.

Paul-Anton Krüger, »Millionen Zugvögel verenden in Ägypten«, in: *Süddeutsche Zeitung*, 18.11.2016.

Hans Kunz, *Aggressivität, Zärtlichkeit und Sexualität. Phänomenologische und anthropologische Studien zur Psychologie und Psychopathologie*, Frauenfeld, Stuttgart, Wien 2004.

Kevin N. Laland, Bennett G. Galef, *The question of animal culture*, Cambridge, Mass. u. a. 2009.

Bartolomé de Las Casas, *Historia des Las Indias. Escrita por Fray Bartolomé de Las Casas*, Ed. Marqués de la Fuensanta Del Valle und D. José Sanco Rayón, Bd. II, Madrid 1875.

John Laundré, Lucina Hernández, William Ripple, »The Landscape of Fear: Ecological Implications of Being Afraid«, in: *The Open Ecology Journal*, 2010, 3, S. 1–7.

Aldo Leopold, *A Sand County Almanac & Other Writings on Ecology and Conservation*, New York 2013.

Karl Georg (= Charles) Leroy, *Philosophische Briefe über die Verstandes- und Vervollkommnungsfähigkeit der Thiere sammt einigen Briefen über den Menschen*, Nürnberg 1807.

Justus von Liebig, *Die Chemie in ihrer Anwendung auf Agricultur und Physiologie*, Braunschweig 1876.

Konrad Lorenz, *Er redete mit dem Vieh, den Vögeln und den Fischen*, München 1967.

Konrad Lorenz, »Haben Tiere ein subjektives Erleben?«, in: ders., *Über tierisches und menschliches Verhalten. Aus dem Werdegang der Verhaltenslehre*, Gesammelte Abhandlungen, Bd. II, München 1971, S. 359–374.

Scott Loss, Tom Will, Peter Marra, »Estimation of Bird-Vehicle Collision Mortality on U.S. Roads«, in: *The Journal of Wildlife Management* 78 (5), S. 763–771, 2014, DOI: 10.1002/jwmg.721.

Niklas Luhmann, *Ökologische Kommunikation. Kann die moderne Gesellschaft sich auf ökologische Gefährdungen einstellen?*, Opladen 1988.

Niklas Luhmann, *Die Gesellschaft der Gesellschaft*. Zweiter Teilband. Frankfurt am Main 1998.

Bernhard Malkmus, »Maikäfer, flieg! Vom Sterben der Arten und vom Schweigen der Literaten«, in: *Merkur*, 72. Jahrgang, 826, 2018, S. 34–43.

Tetsuro Matsuzawa, William C. McGrew, »Kinji Imanishi and 60 years of Japanese primatology«, in: *Current biology* vol. 18, No. 14, 2008 S. R587–R591.

Armin Maywald, Bärbel Pott, *Fledermäuse. Leben, Gefährdung, Schutz*, Ravensburg 1988.

John R. McNeill, *Blue Planet. Die Geschichte der Umwelt im 20. Jahrhundert*, Frankfurt am Main 2003.

Uwe Meixner, »Agent-Causation – Neither Upward Nor Downward«, in: *Philosophical and Scientific Perspectives on Downward Causation*, hg. von M. P. Paoletti und F. Orilia, New York, London 2017, S. 278–295.

Uwe Meixner, *Elemente einer psycho-physischen (und quantenphysikalischen) Theorie der Agenz*, Unveröffentlichtes Manuskript, Augsburg 2017.

Herman Melville, *Moby Dick oder Der Wal*, Frankfurt am Main, Wien, Zürich 1968.

Rudolf Menzel, Matthias Eckoldt, *Die Intelligenz der Bienen. Wie sie denken, planen, fühlen und was wir daraus lernen können*, München 2016.

Stephen M. Meyer, *The End of the Wild*, Cambridge, Mass. 2006.

Kay Milton, *Loving Nature. Towards an Ecology of Emotion*, London, New York 2002.

Adam Müller, *Die Elemente der Staatskunst.* Sechsunddreißig Vorlesungen, Berlin 1936.

Thomas Nagel, »What is it Like to Be a Bat?«, in: *The Philosophical Review*, Vol. 83, No. 4, 1974, pp. 435–450.

Scott Neil, »Frank Watlington, and the whale song«, in: *rg Magazine*, May 2008, S. 48–50.

Otto von Neurath, *Empirische Soziologie. Der wissenschaftliche Gehalt der Geschichte und Nationalökonomie*, Berlin, Heidelberg 1931.

Erik Nordenskiöld, *Die Geschichte der Biologie. Ein Überblick*, Jena 1926.

Charles Nordhoff, *Whaling and Fishing*, New York 1895.

José Ortega y Gasset, *Meditationen über die Jagd. Vorwort zu einem Buch über die hohe Jagd des Grafen von Yebes*, Stuttgart 1953.

Roger Payne, »Humpbacks: Their Mysterious Songs«, in: *National Geographic*, Vol. 155, No. 1, January 1979, S. 18–25.

Eberhard Pfeuffer, »Zur Bestandsentwicklung und Gefährdung der Tierwelt Schwabens am Beispiel ausgewählter Tiergruppen«, in: *Berichte des Naturwissenschaftlichen Vereins für Schwaben* e. V., 121. Band 2017, S. 118–149.

Plumwood, Val: The Eye of the Crocodile. Edited by Lorraine Shannon. Australian National University Press, Canberra 2012.

Karl R. Popper, *Ausgangspunkte. Meine intellektuelle Entwicklung*, Hamburg 1984.

Evan L. Preisser u. a., »Scared to Death? The Effects of Intimidation and Consumption in Predator-Prey Interactions«, in: *Ecology*, 86 (2), 2005, S. 501–509.

Emanuel Rádl, *Geschichte der biologischen Theorien in der Neuzeit*. Bd. II. Geschichte der Entwicklungstheorien in der Biologie des XIX. Jahrhunderts, Hildesheim, New York 1970 (Leipzig: Engelmann 1909).

C. J. Reading u. a., »Are snake populations in widespread decline?«, in: *biology letters*, June 2010, 6, S. 777–780.

John F. Richards, *The World Hunt. An Environmental History of the Commodification of Animals*, Berkeley, Los Angeles, London 2014.

Steven Rinella, *American Buffalo. In Search of a Lost Icon*, New York 2009.

Dieter Rink, Monika Wächter, Thomas Potthast, »Naturverständnisse in der Nachhaltigkeitsdebatte. Grundlagen, Ambivalenzen und normative Implikationen«, in: dies. (Hg.), *Naturverständnisse in der Nachhaltigkeitsforschung*, Frankfurt, New York 2004, S. 11–34.

Heinrich Rombach, *Strukturontologie. Eine Phänomenologie der Freiheit*, Freiburg, München 1988.

Michael Rosenberger, *Der Traum vom Frieden zwischen Mensch und Tier. Eine christliche Tierethik*, München 2015.

Felix Salten, *Bambi. Eine Lebensgeschichte aus dem Walde*, Berlin 1923.

Carl Schillings, *Mit Blitzlicht und Büchse. Neue Beobachtungen und Erlebnisse in der Wildnis inmitten der Tierwelt von Äquatorial-Ostafrika*, Leipzig 1905.

Thorleif Schjelderup-Ebbe, *Beiträge zur Biologie und Sozial- und Individualpsychologie bei Gallus domesticus*, Greifswald 1921.

Hermann Schmitz, *Die Gegenwart* (= System der Philosophie, Erster Band), Bonn 1964.

Rainer M. Schröder, *Brasilien auf eigene Faust. Abenteuer zwischen Amazonas und Mato Grosso*, München 1985.

Kathrin Schubert, *Jacques Cousteau. Expedition Tiefsee*, München 2011.

Peter Seidmann, »Begriff und Phänomen der Aggression. Ein Beitrag«, in: *Studia Philosophica*, Jg. 1966, S. 238–266.

Greg Skomal, *Shark Handbook*. Kennebunkport, Maine 2016.

Vaclav Smil, *The Earth's Biosphere. Evolution, Dynamics, and Change*, Cambridge, Mass. 2002.

Jens Soentgen, »Atome sehen, Atome hören«, in: Alfred Nordmann, Joachim Schummer, Astrid Schwarz (Hg.), *Nanotechnologien im Kontext*, Berlin 2006, S. 97–113.

Jens Soentgen, Klaus Hilbert, »Präkolumbianische Chemie«, in: *Chemie in unserer Zeit*, 46 (2012), S. 322–334.

Jens Soentgen, »Ökologie und Philoxenie«, in: *Merkur*. 70. Jg., März 2016, S. 84–92.

Jens Soentgen, »Im Funktionskreis des Feindes. Über die Angst der Tiere im Anthropozän«, in: *Merkur*. 71. Jg, März 2017, S. 18–39.

Samuel J. E. Stosch, *Versuch in richtiger Bestimmung einiger gleichbedeutender Wörter der deutschen Sprache*, Frankfurt an der Oder 1770.

Eduard Suess, *Die Entstehung der Alpen*, Wien 1875.

Ellen Thaler, *Gescheite Tiere. Intelligenz und Lernleistung im Tierreich*, Münster 2016.

Jonathan B. Tucker, *War of Nerves. Chemical Wafare from Wold War I to Al-Qaeda*, New York 2006.

Jakob von Uexküll, Georg Kriszat, *Streifzüge durch die Umwelten von Tieren und Menschen. Bedeutungslehre*, Frankfurt am Main 1970.

Jakob von Uexküll, *Theoretische Biologie*, Frankfurt am Main 1973.

Hans-Heinrich Vogt, *Wissenschaft von A bis Z. Naturwissenschaften, Medizin*, Stuttgart 1971.

Uwe Voigt, *Natur und Subjektivität*, Unveröffentlichtes Manuskript, Augsburg 2017.

Mario Wandruszka, *Angst und Mut*, Stuttgart 1950.

Wilfried Westheide, Reinhard Rieger (Hg.), *Spezielle Zoologie, Teil 1: Einzeller und Wirbellose Tiere*, Heidelberg, Berlin 2004.

Hal Whitehead, Luke Rendell, *The Cultural Lives of Whales and Dolphins*, Chicago, London, 2015.

Hubert Zapf, *Literatur als kulturelle Ökologie. Zur kulturellen Funktion imaginativer Texte an Beispielen des amerikanischen Romans*, Tübingen 2002.

Erste Auflage Berlin 2018

MSB Matthes & Seitz Berlin Verlagsgesellschaft mbH
Göhrener Str. 7 | 10437 Berlin
info@matthes-seitz-berlin.de

Satz: psb, Berlin
Druck und Bindung: Art Druk, Szczecin
Umschlaggestaltung nach einer Idee
von Pierre Faucheux
ISBN 978-3-95757-552-4
www.matthes-seitz-berlin.de

FRÖHLICHE WISSENSCHAFT BEI MATTHES & SEITZ BERLIN

Frank Ankersmit
Die historische Erfahrung
Aus dem Niederländischen von Verena Kiefer
110 Seiten, ISBN: 978-3-88221-291-4

Antonin Artaud
Van Gogh, Selbstmörder durch die Gesellschaft
Aus dem Französischen von Bernd Mattheus
108 Seiten, ISBN 978-3-88221-646-2

Marc Augé
Die Formen des Vergessens
Aus dem Französischen von Till Bardoux
105 Seiten, ISBN 978-3-88221-044-6

Georges Bataille
Henker und Opfer
Mit einem Vorwort von André Masson
Aus dem Französischen von Gerd Bergfleth u.a.
96 Seiten, ISBN 978-3-88221-726-1

Georges Bataille
Die Aufgaben des Geistes
Gespräche und Interviews 1948 – 1961
Aus dem Französischen von Rita Bischof
165 Seiten, ISBN 978-3-88221-597-7

Georges Bataille
Sade und die Moral
Aus dem Französischen von Rita Bischof
128 Seiten, ISBN 978-3-95757-026-0

FRÖHLICHE WISSENSCHAFT BEI MATTHES & SEITZ BERLIN

Maurice Blanchot
Die uneingestehbare Gemeinschaft
Aus dem Französischen von Gerd Bergfleth
183 Seiten, ISBN 978-3-88221-892-3

Jean Baudrillard
Im Schatten der schweigenden Mehrheiten oder Das Ende des Sozialen
Aus dem Französischen von Grete Osterwald
160 Seiten, ISBN 978-3-88221-693-6

Jean Baudrillard
Warum ist nicht alles schon verschwunden?
Aus dem Französischen von Markus Sedlaczek
64 Seiten, ISBN 978-3-88221-720-9

Jean Baudrillard
Das radikale Denken
Aus dem Französischen von Riek Walther
Mit einem Nachwort von Philipp Schönthaler
64 Seiten, ISBN 978-3-88221-042-2

Jean Baudrillard
Amerika
Aus dem Französischen von Michaela Ott
192 Seiten, ISBN 978-3-88221-371-3

Gilles Clément
Gärten, Landschaft und das Genie der Natur
Aus dem Französischen von Brita Reimers
64 Seiten, ISBN 978-3-95757-025-3